初中数学单元整体教学探索与实践

主　　编：隋淑春

副 主 编：刘伟苗　栾雪莲　孙秀娟　张海燕

参编人员：鲁　璐　王　琳　李　雁　刘　钰
　　　　　马蓓蓓　张　华　赵　敏　孙秀娟
　　　　　张海燕　刘伟苗　栾雪莲　隋淑春
　　　　　王阿蕾　朱宝红

中国海洋大学出版社
·青岛·

图书在版编目(CIP)数据

初中数学单元整体教学探索与实践 / 隋淑春主编. —青岛：中国海洋大学出版社，2023.9
ISBN 978-7-5670-3611-6

Ⅰ.①初… Ⅱ.①隋… Ⅲ.①中学数学课—教学研究 Ⅳ.①G633.602

中国国家版本馆 CIP 数据核字(2023)第 177332 号

CHUZHONG SHUXUE DANYUAN ZHENGTI JIAOXUE TANSUO YU SHIJIAN
初中数学单元整体教学探索与实践

出版发行	中国海洋大学出版社		
社　　址	青岛市香港东路23号	邮政编码	266071
出 版 人	刘文菁		
网　　址	http://pub.ouc.edu.cn		
订购电话	0532-82032573(传真)		
责任编辑	李　燕　郝倩倩	电　话	0532-85902342
印　　制	青岛中苑金融安全印刷有限公司		
版　　次	2023年9月第1版		
印　　次	2023年9月第1次印刷		
成品尺寸	170 mm×230 mm		
印　　张	8.5		
字　　数	152 千		
印　　数	1～1000		
定　　价	48.00 元		

发现印装质量问题，请致电 0532-85662115，由印刷厂负责调换。

目 录

第一章 前言 / 001
 第一节 研究背景 / 001
 第二节 研究意义 / 003
 第三节 研究现状 / 006
 第四节 研究内容、方法和思路 / 010

第二章 单元整体教学概述 / 012
 第一节 相关概念的界定 / 012
 第二节 单元整体教学与其他教学模式的区别 / 018
 第三节 单元整体教学设计的理论基础 / 019
 第四节 初中数学单元整体教学的特征及原则 / 024
 第五节 初中数学单元结构化教学 / 033

第三章 初中数学单元整体教学设计实践探索 / 037
 第一节 初中数学单元整体教学的基本流程 / 037
 第二节 初中数学单元整体教学的实践过程 / 041
 第三节 单元整体教学的理念与设计 / 047

第四章 初中数学单元整体教学实践的有效策略 / 050

第五章 初中数学单元整体教学设计的策略 / 059
 第一节 横向结构关联，构建合理教学序列 / 059
 第二节 纵向延伸拓展，贯通知识前后关联 / 066
 第三节 基于学生学情，把握结构合理立序 / 068

第四节　加强教材单元结构的划分 / 070
　　第五节　主题教学方式在初中教学的实践 / 074

第六章　初中单元整体教学设计的课例研究 / 079
　　第一节　确立单元整体教学内容 / 079
　　第二节　单元教学设计中对教学评一致性的实践与应用 / 090
　　第三节　基于教学评一致性的单元教学效果分析 / 107
　　第四节　初中数学单元结构化教学模式的理论构建 / 112

第七章　结语 / 127
　　第一节　研究反思 / 129
　　第二节　研究展望 / 130

参考文献 / 131

第一章 前 言

"单元"在课程中是教材框架系统的体现,"单元教学"打破教材内容的章节划分,在教学中体现出逻辑性知识关系网格框架,教师通过搭建桥梁,帮助学生将教学内容进行梳理和重构,形成相应的知识关系网。教师在教学中帮助学生整理知识内容,指导学生形成自己的知识框架,借助"单元统整"教学模式,通过单元规划、单元教材教法、单元目标、单元活动、单元作业、单元评价、单元资源七个模块,对学生展开高效的教学实践,使学生充分掌握数学教材中知识点的纵向结构,将其与其他学科进行联系,形成横向结构,从而将其整合形成完整的知识关系网,培养学生的综合知识素养。教师对教学资源进行相应的整合排序,尊重知识所体现的系统性和整体性,从而提升学生对知识点的理解和掌握能力,促进教学发展,提高教学质量,达到预期教学目标。教师在单元教学设计中将学生作为课堂教学的主体,尊重学生的学习特点;对教材进行细致分析,结合教学内容进行相应的重新组建,设计合理有效的知识框架,培养学生对数学的理解能力和运用能力,从而提高学生数学的学习效率。教师在教学过程中实施单元结构化教学活动,对提升学生的综合素养有着很大的促进作用。教师在单元教学结束后结合整个单元的教学内容进行作业设计,利用单元作业对学生的数学知识框架体系进行相应的知识训练,体现作业的多元性,提升学生在训练中的思维体验,培养学生的数学思维以及对知识点的掌握和运用能力,从而培养学生的核心素养。

第一节 研究背景

一、当前教育教学改革的发展需要

新课标明确指出,在实际的教学过程中,要增强教育的实用性和整体性,并且适当拓展教育的外延,拓宽学生的知识面,保证课堂教学的实用性,进而实现"减负增效"的教学效果,促进学生的全面发展。在核心素养的理念下,教师需要对课程教学进行重新设计和规划,充分挖掘数学课程与其他学科之间的联系,积极地采用生活化的教学实例,加强教学的实用性和时效性。在这种教学理念的引导下,教师需要加强对教材的挖掘和分析,充分保证教学的有效性,提高学生的数学核心素养与综合能力。

二、初中数学知识的整体关联性

在新课标的背景下,初中数学教材也进行了系统的改革,增强了教材中知识点之间的联系,旨在培养学生的数学核心素养和综合能力。初中数学知识点涉及不同的领域,而且不同的领域之间的联系性也比较强。比如,"相交线与平行线""平面直角坐标系""轴对称"这些数学知识点之间都存在着一定的联系。总体而言,基础的数学知识是基石,只有牢固地掌握基础数学知识,才能在应用的过程中更加得心应手,并且能够有效地提高学生的数学整体思维能力,实现活学活用的教学目标,提升学生的数学核心素养和综合能力。

三、初中数学单元整体教学的实践需要

纵观初中数学教材,三年六册教材之间的联系性是非常强的,作为初中数学教师,要从整体上把握数学教材的内在联系,培养学生的逻辑分析能力,有针对性地培养学生的数学思维,并且以单元为整体开展实际的教学活动。

(一)内容优化的必然选择

初中数学教材在一些知识点的安排上会出现碎片化的情况,与整体的数学知识体系不相容,这样一来,不利于学生数学知识体系整体框架的建立,对学生从宏观上掌握数学知识脉络造成一定的阻碍。

(二)学生学习的内在需求

从初中生认知规律的角度来讲,教材的知识排序与初中生的认知规律之间存在着一定的偏差,基于这一原因,学生在学习的过程中需要克服很多困难,这给他们造成了较大的困扰。

(三)教师备课的现实状态

在传统的教学过程中,教师在备课时,往往以单节内容为主。换言之,教师主要备一节课的内容,而没有从整体上把握教学结构。不仅如此,教师在教学过程中,没有很好地向学生阐述知识的前瞻性和逻辑关系,只是生硬机械地让学生联系和归纳,导致学生无法形成完整的数学知识体系,影响了学生的学习效率和学习质量。

第二节 研究意义

一、理论意义

(一)促进教师专业发展

在开展单元整体教学的过程中,教师需要从整体上把握初中数学知识结构,并且还需要结合学生的实际情况,不断地优化教学节奏和调整实际的教学时长。在这个过程中,能够有效地提高教师对教学内容的把控能力,也有助于提高教师的教学水平。另外,在研究分析新课改的过程中,教师还需要结合学生的实际情况,合理调整教学节奏,来保证课堂教学的效率和质量,这样潜移默化地提高了教师的专业素养和综合能力,促进了教师的专业发展。

(二)丰富教育教学理论

单元整体教学是一种创新性的教学模式,是对传统教学模式的一种创新。这种教学模式不仅要求学生注重独立知识点的学习,同时也需要引导学生建立完整的数学知识体系。鉴于此,教师在备课的过程中,不能仅仅局限于独立的知识点,还需要弄清楚各个知识点之间的联系,引导学生掌握运用知识的方法,进而拓展学生思维的广度和深度,为保证课堂教学质量奠定坚实的基础。

二、实践意义

(一)有助于培养学生的数学素养

单元整体教学模式以学生的认知特点和心理特点为基础,主要以培养学生的数学核心素养为首要的教学目标,塑造学生知识的整体性,提高学生对知识点的运用能力,培养学生良好的数学学习习惯,达到学以致用、知行合一的学习效果。

(二)促进数学学科的教研工作

从某种角度来讲,单元整体教学模式研究仅仅依靠一两名教师是不现实的,需要一个教研团队不断地进行分析和研究,并且针对单元整体教学过程中出现的问题进行分析和讨论,不断地改善教学方法,以提高单元整体教学的质量,发挥单元整体教学的作用。

(三)为教师单元整体教学提供有效的策略

在落实单元整体教学模式的过程中,为了保证课堂教学质量和教学效率,教师需要以素质教育为指导思想,以培养学生的数学核心素养为首要的教学目标,不断融合新的教学方法,积极创新教学理念,形成行之有效的教学方法,来促进单元整体教学的发展。

(四)顺应我国数学课程改革要求

随着社会对人才的要求不断提高,对创新型人才的需求也不断增加,在这种情况下,传统教学模式显然已经不能适应当代社会的发展,需要对传统的教学方式进行大刀阔斧的改革。要以培养学生核心素养为首要教学目标,以培养学生的综合能力为宗旨,对教学理念和教学方法进行改革,实现学生的全面发展,提高学生的综合能力。对于初中数学单元整体教学模式而言,要顺应教学改革发展的需求,对单元模式之间的知识进行充分的联系,将初中数学知识以整体知识脉络的形式开展教学,有效地保证教学的实效性。

(五)促进教师教法和学生学法的转变

对于传统的初中数学教材而言,知识点之间的逻辑性不够强,结合得不够紧密,很多联系性很强的知识点分散割裂,导致学生在学习和理解的过程中遇到很多不必要的困难,无法整体地、系统地进行学习。另外,在传统的初中数学教学过程中,教师的教学理念过于陈旧,教学方法过于单一,也无法激发学生对数学的学习兴趣。而且在传统的教学理念中,教师与学生之间的关系是管理者与被管理者的关系,二者相互对立,不利于和谐师生关系的建立。在开展单元整体教学过程中,教师需要对初中数学教材进行重新编组,加强知识点之间的联系。除此之外,还需要充分发挥创造性,帮助学生建立完整的知识体系。

(六)促进学生自主学习能力的提升

目前而言,课堂依然是教师教授知识的主要场所,教学的主要目标是让学生掌握数学知识。在教学过程中,因为学生对知识点比较陌生,所以不能充分参与到教学活动当中,仅仅能够回答教师提出的一些简单的问题。另外,教师为了保证课堂教学的效率,不能给予学生充足的思考讨论、发表自己观点的时间,只有在教师完成固定教学内容的基础上,才能让学生进行交流讨论。这样的教学模式,限制了学生思维的发展,不利于培养学生的数学核心素养。而在单元整体教学模式中,学生成为课堂活动的"主人",有利于体现学生的主体地位,发挥学生的主观能动性,最终实现由"教"到"不教"、由"学会"到"会学"的转变,同时也对提高学生的数学核心素养和综合能力有着重要的意义和价值。

(七)着力发展学生数学核心素养

新课标明确指出,教师要引导学生成为学习的主体。这里所阐述的"主体",不仅是让学生在课堂上积极与教师互动交流,更重要的是改变学生的思维形式与感性认知。但是,无论是转变学生的思维形式,还是增强学生的感性认知,都不可能一蹴而就,需要一个漫长的、循序渐进的过程,需要教师在实际的教学过程中给予鼓励和支持,不断地创新自己的教学方法,转变学生的思维方式,实现以学生为中心的课堂教学,让学生积极参与到数学教学活动中来,促进学生数学核心素养和综合能力的提高,为学生日后的数学学习奠定坚实的基础。

第三节 研究现状

一、国内相关研究的现状

笔者在各种核心期刊网站查询了"单元统整教学""单元整合教学""单元整体教学"等相关的关键词,发现已有研究尽管使用的名称不尽相同,但是所采取的教学方式却极为类似:都是以单元教学目标为核心,整合初中数学教材内容,再把具有关联性的数学知识科学合理地整合,凸显出初中数学知识结构化的特点。通过对已有的研究基础予以分析,主要的单元整体教学研究可以归纳为以下内容。

(一)关于初中数学单元整体教学的理论研究

"单元整体教学"起源于19世纪末期,属于一种新颖的教育模式。随着时代的发展,人们对其进行不断的改革,由此单元整体教学受到了更多的关注。多数专家和学者对初中数学单元整体教学的概念、具体特征以及理论基础研究等已达成了基本的共识。

1. 关于初中数学单元教学概念的研究

我国有些学者认为,单元整体教学需要从整体化、系统化以及结构化的角度来统整单元教学,而另一些学者认为,单元整合教学研究就是在不改变现有初中数学教材各项教学目标、教学内容以及授课时间的基础上,科学合理地调配数学教学内容的顺序和教学方式,使学科内部各个知识点达到良好的整合效果,让数学学科知识更加系统化、结构化,使初中学生的数学学习更具有挑战性。尽管已有研究对单元整体数学教学的概念界定并没有完全达成一致,但是这些概念都重点提及了初中学生的数学基础和认知规律或者数学知识内部的结构特征,这就给我们的研究指出了明确的方向。

2. 关于初中数学单元整体教学特点的研究

针对初中数学单元整体教学特点的研究,相关专家和学者都已经达成了共识,主要分为以下三个方面:(1)整体性。整合主要是措施,整体才是目标。数学课本上的知识本身就具有很强的关联性,属于一个庞大的数学知识体系。所以在实际编排初中数学教材时,总会把相关联的数学知识点层层递进地分布到不同单元当中,甚至会按照难易程度分布到不同的学段,这就让多数学生在实际学习时难以从整体上真正地掌握数学知识的前后联系。(2)结构性。通过科学合理地设计初中数学单元整体教学内容,可以把具有关联性的数学学习内容和各部分数学教学目标进行有效的整合,由此让学生对单元整体教学内容的感知更为强烈,能够使所编排的数学教学内容更好地凸显出各个数学知识点的结构性和关联性,从而使学生形成更为清晰的数学知识脉络,有效地增强学生整体化的数学认知能力。(3)迁移性。从整合性教学角度看待单元整体教学,对数学知识相关内容进行科学的整合。由于数学学习内容之间存在很大的相关性,所以会使初中学生的学习方法和思维方式产生迁移。

3. 关于初中数学单元整体教学的主要理论依据

单元整体教学主要依据《义务教育数学课程标准》中的相关内容来整体化、系统化地设计单元整体教学内容。

(二)关于初中数学单元整体教学的实践研究

1. 关于开展初中单元整体教学的必要性

开展单元整体结构化教学使所讲解的初中数学知识不再呈现碎片化、零散化的特点,而是具有整体化、结构化的特点,需要用整体性、系统性、关联性的教学视角统整初中数学单元教学,帮助学生建构和转变数学认知结构。

同时,整合各单元数学课程内容可以使初中数学教材中知识的结构更加合理,使初中学生对初中数学学习产生更多的兴趣。同时,这也是优化初中数学教材的必然途径,能够充分满足初中学生内在的学习需求。在初中数学课堂上实施单元整体教学策略,适度增加数学课程难度,更加有助于学生形成深度思维。

2. 关于初中数学单元整体教学的做法

科学地整合初中数学的课时。笔者作为一线教师,带领工作室成员,依照初中学生特点和教材内容,进行了以初中数学教材为基础的拓展性强且结构化程度高的初中数学单元整合,并进行了多年的实践研究。这些数学实践研究能够为改进初中数学教学提供有力的支撑,具有参考价值。

合理整合结构化材料。以理解为主要目标,设计结构化的单元整体教学材料,以不同主题形式来开展单元整合结构化数学研究活动。比如,进行"一次函数"的单元整体教学时,需要结合以往所学的函数知识展示正比例函数知识框架,让学生联系到一次函数的概念、性质以及图像。学生自然而然地会通过回顾一次方程的概念、性质和解题方式等知识,思考一次函数和一次方程之间的关系,进而提高初中学生的数学思维水平。数学知识内部需要进行纵横的整合,也就是把纵向数学知识进行贯通,把横向数学知识加以融合,用统整、重组的方法,优化构建出整体性强、系统化、关联性强的课程体系和知识网络。

单元整体教学设计的建议。要使设计的初中单元整体教学体现出课前准备阶段、课堂推进阶段以及课后练习阶段,并提出对应的单元整体教学的主要策略:纵向应加以连接,横向需要进行并联、全景式扫描,项目化地开展数学教育活动。这些研究为单元整体教学设计提供了有益的建议。比如,针对"一元二次方程"设计单元整体教学时,需要考虑教材编写的规律,利用前期构建的一元一次方程知识体系,来引出一元二次方程知识框架,并在横向上以二元一次方程组迁移到一元二次方程,或者将"因式分解"和"完全平方式"引入其中,构建出全新的单元整体教学模型。

二、国外相关研究的现状

整合性教学最早产生于西方,属于一种统整性的课程思想,赫尔巴特早在19世纪就已经提出统觉心理学的整合原理。19世纪末20世纪初,就出现了各种统整课程理论,比如,文化中心统整论、齐勒历史。杜威在20世纪上半叶就已经提出了以经验为基础的整合课程教育理念,提倡用经验来解决问题,所谓的整合课程主要是将相关知识经验进行科学的整合,避免出现重复性学习的问题,从而有效地提高数学课堂的教学效率。

早在19世纪末20世纪初,在欧美新教育运动的影响下就已经产生了单元教学,这是产生单元教学理论的初级阶段,主要提倡整体化教学,调动兴趣来开展教学,比较关注数学教学的过程,学习内容更加完整,但把学习内容分割细化,不利于提升学生对整体知识的感知力。依据这种单元教学理论,需要先设定单元题目,再按照单元题目来组织开展教学,唯一的缺点是各单元属于独立的整体，不具有连续性。到了20世纪，杜威提出的实用主义教育学使"单元教学"得到进一步的发展。克伯屈在基于杜威"做中学"教育思想的基础之上，又提出了"设计教学法"，挖掘学生的潜在动机。该教学法结合了心理学理论，转变了以数学教材为中心的教育理念，比较侧重于中学生的学习心理和知识基础，对以后的单元整体教学产生了深远的影响。

到了20世纪初，单元教学法已经转变成教学论思想，成为全球教育界学者广为关注的焦点。20世纪50年代，单元教学法才进入成熟阶段。学者莫里逊等人所提出的"单元教学"，认为学科课程具备社会性的特点。依据社会对人们的主要要求，把各类学科知识和各学科学习加以整合，构建出更加完整的知识体系。在此之后，学者瑞格鲁斯还提出了一种称为"精细化加工方法"的教学内容序列化教学设计理论。这一理论提倡教师应设计出序列化的教学内容，并从知识、学习技能的整合逐渐过渡到知识的结构性关系。学者莫里生也提出了"五步教学模式"，主要通过教学试探、教学提示再到让学生自学、课堂组织学生、课堂复讲的教学形式，让学生在课堂内外掌握比较完整的学习经验。到了20世纪90年代，弗雷齐和鲁德尼茨基还按照单元教学法设计了整体教学法，这些教育理论研究偏好人性化的教育方式，更加倾向于教育过程的整体性。教学过程强调数学知识的整体性和核心点，充分体现单元整体教学的必要性，为本课题的教学研究提供更为有利的条件。

关于国内外初中数学单元整体教学研究的文献还有很多，多数为学科课程内部的整合资料。国外研究比较侧重数学教材的整体性和结构性，而国内针对单元整体的实践研究较多，比较侧重课时、教学方法的迁移、教学材料、主题教学拓展等方面，对单元整体教学设计的理论研究和策略关注得较少。本研究将在前人研究的基础上，以科学性的教学设计理念作为教学指导方向，基于初中数学知识内部的结构、学生的数学基础以及认知规律，梳理整合完整的初中数学知识体系和初中学生认知建构的知识脉络。本书将以北师大版初中数学教材不同单元的设计作为主要研究主体，以单元视角重新构建教学内容，逐步发现问题、整理问题、解决问题，并提出具体的单元整体教学设计策略，使初中数学教师的教学和学生的学习能够达到"双赢"的效果。

第四节　研究内容、方法和思路

一、研究内容

(一)初中数学单元整体教学的依据

通过对北师大版初中数学教材中知识的潜在联系、结构以及学生的学情进行深度的分析，在科学的教育教学设计理论的指导下确立单元设计。同时，在对数学学情和数学教材进行分析的基础上，找出单元教学所存在的问题。以数学单元设计教学标准为依据，结合单元教学的现状，探究单元整体教学的应用构想。

(二)初中数学单元整体教学的实施与策略

遵循初中学生自身的认知规律，对单元整体教学设计的策略进行研究。针对一个单元或者多个单元进行小组研讨，在初中数学课堂上加以实践，再通过统计调查重构数学单元教学内容。当对设计的初中数学单元整体教学策略进行研究时，应根据单元设计标准审查调整整个设计过程，并加以完善和反思。

(三)初中数学单元整体教学的评价与效果

采用问卷调查等方式，对得到的数据进行分析，还要全面比较初中学生前后的学习情况。实施期间还要针对不同阶段的单元整体目标，对实现情况予以科学性的反思和评价，并及时调整整体设计框架。

二、研究方法

(一)文献研究法

查阅、统计、整理类似的单元整体教学文献和研究报告形式，对现有的研究成果进行客观、系统的分析，再确立具体的思路和方法、所涉及的问题和具体对策等，并思考研究的意义和教育价值。

(二)问卷调查法

设计合理的调查问卷，对初中学生之前的数学基础进行调查，统计相关数据，分析结果、整理问题，确定初中数学单元整体教学设计内容。

(三)案例研究法

搜集和整理初中数学单元整体教学成功案例，作为借鉴和参考。在前期进行研究时，我们作为一线教学人员，会在不同年级实践应用不同的数学教学案例和课堂实录，作为研究基础和论述依据。

(四)行动研究法

在真实的数学教学场景中，笔者按照有针对性的操作程序，综合采用多种教学研究方法和教学技术，把解决单元教学问题当作重要的教学目标。在课堂教学实践研究过程中找出并整理问题，再对初中数学单元整体教学研究中出现的问题进行分析、探讨和解决。

三、研究思路

我们团队将通过多年的多维度渐进型实验与研究，力求找到充分调动学生学习内驱力的方法，构建系统、科学、高效的单元统整教学模式，推动教育思维变革。我们将按照研究准备与初期实施、研究深入实施、研究总结验收三个阶段展开研究。

第二章　单元整体教学概述

本章把实践建构主义理论作为论证基础，进行认知迁移理论探究，将单元认知理论融入其中，运用深度学习理论对本书应用到的"单元"进行新的评价和解读，并对初中数学教学设计中所需要的要素以及准则进行解析，将单元结构化教学模式的理论与教学设计相结合，以期提高学生的学习效果，让学生在课堂上有更好的表现，倡导优秀教师以单元教学设计为基础，进行单元结构化的教学研究。

第一节　相关概念的界定

一、单元

教育领域中的"单元"通常有两种理解：其中之一就是按照现有教材中原有的章节，为了使教学内容更加系统化、结构化，重新组合而成的"大单元"。通常情况下，"单元"就是指某学科所使用教材中原有的章节内容。"单元"的另外一种理解，主要强调的是教师在此过程中的主观性行为，需要按照学生整体情况和知识结构重新调整编排教学内容。让单元教学不再只局限在教材中的各个"单元"、各个"章节"，教师需要把教材当作基础，按照特定的教学目标，围绕同一个教学主题，用相似的教学策略，来重新创造出全新的单元组合形式，构建出"大单元"。需要按照整体性原则、规律性原则、比较性原则、实用性原则以及统整观念来构建和设计一个全新的"大单元"。这种"大单元"需要在其内部划分出各个独立的整体知识体系，单元内部的各个独立知识体系应具有一定的衔接性和关联性，属于一种系统化的教学设计。

二、整合

文章中所指的"整合"通常与"分化"成反义。广义上的整合就是指将事物重新进行综合性的融合,合为一体;狭义上的整合就是转变课程内容和整体结构,改革全部课程的教学体系,创设综合性的知识内容,可适当融入其他类学科知识点。整合是一种全新的手段,是促进教育改革的一种新颖的教学思想和教学理念。笔者所探究的整合主要针对的是初中数学学科内部之间的单元整合,这对相关教师、学生提出了更高的教学和学习要求,这种教学和学习要求不单指的是知识层面,还需要对教学方法、教学环节、课前课后教学内容等不同层面进行整合,这需要广大教研部门和相关学科教师共同努力才能实现。教育领域所指的整合必须按照实际的教学需要和学生的学情将单元内容进行科学性的优化重组,适当地延伸拓展知识面,其主要的目的是让相关教师产生高质量的教学效果,让学生产生高效率的学习结果,为他们提供强大的助力和支持。

三、单元整体教学

单元整体教学属于新课程改革中的主要教育理念之一,需要加强学生对数学知识的整体性理解,让学生在了解知识框架的基础上学习数学知识。单元整体教学的核心就是从"教教材"转变为"用教材教",应把教材当成教学工具,降低教师对数学教材的依赖程度,开展全新的初中数学教学实践活动。目前教育领域中所使用的初中数学教学内容基本类似,但是教师本身的教学经验差距和不同学生之间的认知差距比较大,教师需要及时树立单元整体教学理念。单元整体教学主要涵盖两方面内容:其一,需要把"自然单元"当作单元教学的主体,也就是把每一单元中的知识内容当成教学的整体,认真详细地分析教材特定单元各个知识之间的潜在逻辑联系,有序地加以规划和整合,指导学生用整体性学习的观念去理解和掌握数学知识,来优化初中数学课堂教学效果,用延伸拓展的教学方式增强初中数学课堂教学的深度和广度;其二,就是用生成"大单元"的单元整体教学方式,也就是所谓的聚焦数学思想教学方法,以培养学生数学素养的观念来展现层次化的教学内容,并在初中数学教学过程中的不同教学阶段循序渐进地推进,使其呈现出螺旋式的发展。设计初中数学单元整体教学是在科学的数学教育理念的指导下,按照数学知识点内部的结构和所教授学生的实际学习现状,把数学教材当作基本单元教学的主要内容,按照初中数学学科潜在的规律,将学习过程和学习目标结合在一起,把课程教学计划细化到具体的年级、每个学期以及各个单元当中,并参照特定的数学教学目标重新架构单元教学,要让教师用正确的数学学科思想、教学策略以及教学规律,来创新构建纵横交错的知识网络体系。每学期的数学教学和每课时的数学教学要按照单元来开展完整性的教学活动。运用此类方式实施数学教学策略,必须厘清不同学生的单元学习目标,才能够真正做到分层次实施单元整体教学计划,必须把特定单元内部的各个知识有效地紧密衔接串联到一起,实施单元整合性的教学策略。应针对初中数学教学知识点,重新建构、统整、拓展,并进行有机的贯通融合,构建出连续、全面的单元整体设计内容。在对全部学生的数学学习基础和逻辑思维进行考察的基础上,引导其对有关单元整合学习内容进行细心的观察、比较,归纳其中具有整体性、关联性的数学知识和学习问题,提升他们的数学学习水平,提高初中数学教师的课堂教学效率。

四、单元结构化教学理论

(一)认知迁移论

相关学者提出了认知迁移的教学理论,此教学理论的出现能促进构建教学在教学实践中的运用,提高构建教学的教学效率和教学作用。认知迁移理论对教学有着不同于传统教学理论的理解,认为高效且具有教学意义的学习一定是在原有认知体系中产生的,学生自身的认知体系对之后的学习有着直接的决定性影响。学生自身的数学基础框架越完整,数学认知能力越高,学生自身的数学素养就越好,对数学的学习效率和对知识的构建运用就越好,相应的学生自身的知识迁移能力就越高,也就能更好地巩固学生自身的数学基础。因此,教师在教学中应提高学生自身的数学基础和知识构建能力,将旧知识与新知识进行连接,将其填充到学生自身的数学框架当中,让学生优化更新原有的知识体系,并灵活地进行知识迁移。教师在引导学生进行知识建构时应让学生自主地对教学内容进行相应的知识建构,并引导学生将自身的学习理念和教材中的教学观点进行整合,使其形成稳固的数学思维框架。

该教学理论提出了一个观点,如果学生在某一领域的认知结构越具有可利用性、可辨别性和稳定性,那么就越容易产生正迁移。如果学生的认知结构是偏向的，就容易导致学生在知识迁移时出现问题。学生自身的认知结构不稳定、含糊不清、无组织或组织混乱，会对学生自身的学习产生重大影响，要是教师在教学中放任这一现象，就会降低学生的学习效率，最终导致负迁移。所以，教师想要让学生对所学内容能够熟练地掌握，就要引导学生进行知识框架的构建，让学生将新旧知识进行结合，从而构建完整的知识体系。教师在对教学内容进行相应的教学拓展时，利用新知识的教学丰富学生原本的知识体系，让学生对知识体系进行重新构建。教师还可以在教学中对学生进行相应的训练，通过知识应用巩固学生所学知识，让学生在学习中提升运用知识的灵活性，为学生今后的数学学习奠定坚实基础，提高学生的学习效率。

学生将所学知识应用于实际是知识迁移的目标，也是教师在教学中对学生进行培养的长期目标。在教学中，教师先对教学内容进行相应的规划设计，再以此为基础进行教学，遵循规划先于教学的基本原则。在对教学内容进行相应的设计时，教师也应将实现知识迁移作为教学设计的基础，运用逆向思维，以教学内容推导出如何在教学活动的设计过程中实现教学目标。

(二)元认知理论

元认知理论的提出，给教学领域带来了一定的影响。元认知主要是指主体对其认知活动的自我意识、自我监控和自我调节。该理论强调了认知行为中自我认知的重要性，主张在认知的过程中，对自我主体进行认知、衡量。元认知涉及诸多方面的内容，其中不但包括心理状态、行为目标，还包括了行为能力、策略等方面。进行这样的认知活动，可以更好地对认知活动加以干预、调控，实现认知状态与自身学习状态的契合。在单元知识建构的过程中，学习者的元认知能力发挥着至关重要的作用，教师可以对教学内容重新进行构建，采取符合学生学习情况的内容和方式进行教学，引导学生对知识点进行相应的构建，以此来激发学生的元认知体验。元认知理论探讨的是学习者对知识认知的状态，将认知看作一个过程，并且充分肯定了人在这个过程的主动性，教师可以培养学生这方面的能力，提升学生在课堂上的主动性。学生在这种认知过程中，会形成初步的自我理解，但是只是依靠学生自身进行的自我理解存在一定的局限性，在知识的学习过程中难免会存在一定的缺漏和不足。针对这一问题，教师应引导学生对自身的整个认知活动进行反思、监控、观察、发现，形成一个相对客观的认知反馈。并且，教师还应结合对学生进行观察了解后发现的问题，在学生进行认知调整时给予相应的指导,从而实现对认知偏差的高效调节,让学生能更快地实现学习目标,引导学生创建完善的知识框架,提升学生的数学能力,培养学生的数学核心素养,为学生进行单元整体性学习奠定坚实基础。

(三)深度学习理论

教师在进行相应的教学设计改革时,应将改革设想落实到教学实际,达到提升教学效率和教学质量的效果。近年来,不管是国内还是国外,对于"深度学习"的研究越来越多,学者发现了"深度学习"对教学实践的作用和重要性,该理论得到了越来越多教学研究者的重视。在近代教育教学领域,对"深度学习"的研究早就开始了。弗伦斯·马顿和罗杰·萨尔乔采取了一套试验体系,记录、评估、总结了深度学习过程,并且在1976年,对研究成果进行了总结、提炼,出版了《学习的本质区别:结果和过程》一书。此书对深度、浅层两个学习概念进行了详细的对比,提出了"深度学习"的说法。2004年,美国教育传播与技术协会在进行教育技术修订的时候,对深度学习的概念作了陈述,认为深度学习将会是未来教育领域中教学形式的发展趋势。教育工作者对深度学习的作用有了明确的认知,对深度学习进行了更深层的研究,深度学习理论在教育教学方面的价值得到了更为广泛的认可。基于这一特点,我们国内的教学研究者也开始加强了对深度学习的研究。

基于建构主义理论实施单元结构化教学设计,要实现学习者的深度学习应具备以下几个特征:(1)批判性理解。这对学生的学习要求较高,要求学生能对学习的知识内容进行批判性学习,对知识能有自己的思考,要有批判精神,并且在学习的过程中能将知识转化为自身的理论体系。(2)知识整合建构。需要学生对学习的知识内容进行深入理解,将所学知识中零散、碎片化的内容进行整合构建,从而形成自主的、单元化的知识结构体系。(3)学习反思。在学习中,要对知识的学习保持一种长期运用的思维,站在可持续发展的角度,持续、深度挖掘知识,并且在学习后对所学内容进行反复的探究,检验自己对知识内容的掌握程度,提升自身的数学基础,并对自己的学习方式进行相应调整。(4)以解决问题为目的。学生对知识的学习主要是为了能运用所学知识有效解决实际遇到的问题。因此,培养学生运用知识解决问题的能力就是教学的主要目的。(5)注重情感投入。深度学习十分讲究情感投入,教师使学生自身增强对所学内容的学习兴趣,才能提升教学效率。要是学生对知识学习的兴趣不高,就会导致学习效率不佳。因此,在教学中应让学生保持轻松、愉悦的身心状态,以便激发他们的学习兴趣。

五、单元结构化中"单元"相关概念的界定

"教材单元"即教材中划分各个章节的单元,此类单元具有权威性,是经过长期实践研究选出的相对高效的、开展教育教学活动的蓝本。但由于不同年龄段的学生学习的能力有所差异,教材会根据这一差异进行排布,通常同一个问题会出现在不同章节甚至不同年级,这种形式的教学内容分布不利于教师在教学中对学习方法进行总结和提炼。"内容专题单元"是教材单元下的微单元,是以知识之间的逻辑关系为主线建立的单元。例如,在初中数学中整式乘法与因式分解互为逆运算;平行线的判定与性质;平行四边形与向量运算的关系,等等。依据教学内容划分单元,可以对知识进行系统的探究和学习。"经验单元"(学习专题单元),也被称为"微单元""大单元""超单元"等,在本书中我们统称为经验单元。经验单元是以数学方法或思维过程等为基础进行的微单元设计。例如,在初中数学基础代数方程(包括整式方程、分式方程、无理方程)计算的学习过程中,需要运用"化归"思想。教师在教学中可以将该思想作为主线进行教学,以经验单元为基础开展教育教学活动,让学生系统地理解"化归"思想,增强学生对教学内容的应用能力,进而提升学生解决复杂方程的能力。经验单元是依据解题方法和数学思想划分的单元,主要是对一种方法进行相应的整理和应用。本书主要基于内容专题单元和经验单元进行研究,简称单元结构化教学设计。单元结构化教学是以单元为一个结构单位,以学生独有的认知基础和学习特点为基础,依据教材上的教学内容和教学目标对教学单元的学习内容进行合理的划分,将其进行知识构建,并采用符合教学内容和学生学习特点的教学方法进行高效的课堂教学。这种教学形式侧重教师的主导作用,教师要对学生学习进行引导,并在课堂教学前以课标、学情、资源等为基础对教学内容进行相应的设计。单元结构化学习是以一个单元为基本单位,以培养学生的学科素养为目标,在教师的指导下通过创设真实有效的情境,使学生在深度的学习过程中发现问题和解决问题,习得和运用知识,形成正确的价值观念和关键能力的学习。此类学习侧重于发挥学生的主体作用,倡导通过一系列学习活动,建构学生自己的单元知识体系。"搭建支架"是指学习行为牵涉两个过程,即从头脑中引出知识的过程和从外界汲取知识的过程。它的提出依据"最近发展区"理论,

是让学生能将学习新知识的过程作用到原有的知识结构建构中，并基于学生自身所拥有的知识学习经验基础进行新的知识建构的过程。教师要提供需要教授的学习框架基础，教给学生如何将知识内容进行相应的知识构建。"问题链"是数学知识结构的表现形式，问题链方法是以问题为主线，以发现问题——解决问题——再发现问题为全过程，以适应客观世界运动变化和数学严谨逻辑思维的需要为目的的数学思维方法。在教学中，教师通过对教学内容创建问题链的层序性设置，引导学生对教学内容进行深入探究，让学生能在探究的过程中发现问题并解决问题，教师再对其进行纠正，避免学生探究方向错误，通过培养学生解决问题的能力，让学生能对初中数学教材中的单元体系内的数学知识进行充分掌握，提升学生的数学思维能力。

第二节　单元整体教学与其他教学模式的区别

单元整体教学和其他教学模式最大的区别就是单元整体教学必须在"整合"的基础上来实施教学策略，属于一种自主式、迁移式基本学习方式。传统的按照课时的数学教学方式，教师只考虑到学生整体的认知情况和数学知识的内部结构，根本无法让学生产生最佳的数学学习效果，并且很难帮助学生养成良好的数学学习习惯。而在初中数学课堂上运用单元整体教学模式，能够直接将初中数学教材中的主要知识点科学合理地进行调序和整合，能充分体现整个初中单元知识体系的整体性和结构性。在初中数学课堂上运用单元整体教学方法，能充分体现其调序、整合、拓展的教学优点。在初中数学课堂上实施单元整体教学不但关注所有单元整体教学目标能否达成，还关注"整体性的建构"和"知识之间的关联性"。教师需要在整体化教学思想的引领下，让学生正确理解所学单元的数学理论知识点和其他知识点的公式定理之间的关联，及时地纠正"只见树木，不见森林"的低效率教学现象，有效地调整初中数学单元整体教学结构。把单元内部的各个数学知识点有效地串联在一起，使复杂的初中数学知识结构变得更加简单，凸显出数学知识之间的关联性。同时，在初中数学课堂上开展单元整体教学，还能帮助学生养成良好的数学学习习惯，能进一步优化学生的学习方法和学习思维。另外，在初中数学课堂上应用单元整体教学还能有效转变单一化的课堂教学方式，让学生成为数学课堂上的学习主体，有效增强他们的自信心,最终让他们更加好学、善学、乐学,让他们获取和积累更加完整的数学知识体系。

第三节 单元整体教学设计的理论基础

一、整体性原理

格式塔理论强调应将把握好事物的整体性作为研究重点,先感知不同事物的整体性,进而才能关注到整体中的各个部分。尽管这是心理学的理论,但与初中数学教学存在密切的关联性。其主要阐述的就是认知一个事物先感知到整体,接着再觉察到部分,这与数学各个知识点内部的整体性十分相似。因为学习数学知识本身就是用整体性、关联性的观念来构建完整的认知系统,不同知识体系之间、不同领域之间都存在或多或少的联系。如果在教育过程中,先指导学生建立起整体性的认知观念,接着再让他们循序渐进地学习各个部分的数学知识,就能高效地帮助他们掌握更多有效的数学学习技能,有效地提升他们的数学综合素质,对他们整个的数学学习生涯都会起到至关重要的作用。所以,在进行单元设计时,教育工作者必须详细地分析单元教学内容各个知识点之间的联系,有时还需要通过其他渠道搜集与该内容有关的其他关联点。不管是在制定单元目标期间,还是在规划数学教学内容的过程中,都应体现出单元整体教学的关联性特点。在单元整体教学设计初期,不管是在单元的概览还是在整合课程设计过程中,都必须重点将知识之间的关联性和整体性呈现出来,接着用对比教学方法进行深度思考,用单元概览来统领整个单元的学习过程。还应在不同课时教学环节中凸显出各个知识之间的关联性,用系统化的方式来进行整体布局,这样学生就能全面了解本节课所学知识的整体框架、学习重点以及难点内容。教师通过科学合理地将特定单元的数学知识加以整合和重组,学生能用整体性的学习观念,感知各部分数学知识之间的关联性,进而有效地帮助他们建构更加清晰全面的数学知识脉络。

二、结构性原理

著名教育学家布鲁纳提出,无论我们选择什么学科,务必使学生理解该学科的基本结构。其中"结构"就是指知识组合而成的基本架构,这种架构强调彼此之间的相互关联,将彼此连结在一起,就能直接表达出完整的意义。所以,在教学中只有具备结构性特点的学习内容,才能在习得后长久地保持下去,不容易被遗忘。因此,学生需要在了解知识结构的基础上学习原理原则,以便在以后接触到相似的情境时,能正确地进行学习迁移。

学习的核心就是自主建构认知体系结构。学习者不能被动地接受知识,必须主动地进行获取,并且需要把新习得的知识和原有的认知体系联系到一起,积极主动地构建知识体系。

单元整体教学模式就是一种能帮助学生自主地建构认知结构的关键性教学模式。在单元整体教学过程中,教师需要深度分析和研究教材以及全面打通关联知识点之间的关系,让学生在教师的正确引导和启发下,对整个单元所涉及的知识点进行全面预览,让学生清晰地了解单元的知识结构。同时,在分课时教学过程中,学生还应在教师的指引下,采用观察、比较、概括等方式自主学习,深刻体会知识之间的关联性。同时,应把"结构"当作先导,把"关联"当作线索,把"整体"当作支线来探寻数学知识的本质,构建出更具有结构性、整体性的数学知识网络框架。

三、教学设计的基本原理

(一)ADDIE 教学模型

加涅在教学理论基础中提到,教学设计应当时刻注意学生在产生学习时发生的条件,主要包含学习者本身和外部环境两类条件。教学系统化设计的基本模型是 ADDIE 模型,包含五个阶段,分别是分析阶段、设计阶段、开发阶段、实施阶段、评估阶段。其具体体现为以下几个方面:(1)明确教学目的。教育工作者必须按照整个单元的知识点来编排和制定教学目标,制定的目标必须凸显出知识之间的关联性,能让学生进行系统化学习。(2)分析学习者能从中获得的知识和能力,以及最终获得该知识和能力所必备的学习条件和推断能力。(3)明确好教学目标之后,再设计课堂教学环节,其主要是为教学目标服务。(4)教育工作者应评估不同阶段的教学实施成果情况,通常可在课程实施阶段采取过程性评估,还可对所教授学习者的学习成果情况进行结果性评估。

此类教学模型应用到教学过程,主要体现在单元整个教学过程的研究当中,在对学生的实际学情进行调查的基础上利用此模型,需要对单元整体教学思想进行仔细的研究分析,还需要清楚地认识到所用教材整体的编排情况和所讲授数学知识的整体架构情况,并且教育工作者还应把握好教材内知识的序列关系。教育工作者应基于学生前测的结果,仔细地考察和整合全体学生的数学学习基础和其他情况,以此来分析数学教材的正确知识序以及其与全体学生各自的认知序是否匹配。在此基础之上,教育工作者再运用调序、整合以及拓展等方式,重新将所教授的内容进行科学的架构并编排好序列,这样才能充分发挥出数学教材最大的实用价值,并且才能用其更好地服务于学生。这就是通常所指的单元整体教学设计和开发环节。接下来,按照知识的整体框架进行科学合理的建构,精心地设计重点的课时内容,以及实施课堂教学活动,也就是教学实施环节。实施此教学环节必须让同一学科、教学经验丰富的教师来组建全新的教研团队。他们参与的研究工作主要有主题式教研、小组磨课、评课讨论等,需要他们不断优化和改进重点课时中的教学设计方案。最后,对全体学生进行后测,观察他们在课堂上的具体表现情况,还可检测学生课时的减少程度、重复性劳动情况等各种可用来检测学生数学知识实际掌握程度的情况,教研团队可及时对教学课时采取有效的改进措施。

(二)多重目标整合理论

在加涅和梅里尔的共同努力下,给教学设计确立了新的要求,需要在多重整合目标的基础上明确学习者的真正学习目的。单一目标的学习课程并不能有效帮助学习者实现不同的目标,也不能帮助他们厘清学习内容之间的相互关系。与此相反的是,这些目标的整合通常会被看作想要表达联合目的的一种形式,这种整合比较侧重课时与课时之间、学习目标与教学目标之间的联系,需要把不同的目标加以渗透和融合,让学习者能正确理解事物之间的关联,这样才能帮助他们进入高效率的学习状态。加涅和梅里尔还提出,整合不同活动的主要目的是为了让学生能在意识中产生不同的认知结构,不同类型的教学活动能在学生潜在记忆当中产生某个图式表征,这种表征能真正反映出通过不同活动能够获取到什么样的知识和学习技能,还能体现出其学习目标和怎样达成此类目标的详细方案。

由于学习者本身的意识,每项教学活动过程都需要把某个教学目标当作主要的教学方向,所以每一个教学目标在达成之时,都需要有多样化的教学活动来辅助完成。而为了高效顺利地实现多重目标，教育工作者必须把学生脑海中产生的多种图式进行科学合理的融合，构建出新颖的教学活动或者图式，再通过整合确定实现这种多重目标的主要流程或者数学教学活动。在实施过程中，必须划分出主要目标和次要目标。比如，在设计"锐角三角形"单元整体教学目标时，需要结合等腰三角形和等边三角形的学习目标，把这些目标当作次要教学目标。将三角函数中的正弦、余弦、正切、余切的概念，特殊三角函数数值的计算以及化简，互为余角与同角三角函数之间的商数关系、平方关系、倒数关系当作主要教学目标。这种多重教学目标的设计能增强新旧知识之间的关联性，还能让学生发展学习迁移能力，将多重教学目标相互渗透，还能帮助学生有效巩固之前所学的数学知识，帮助他们打下坚实的数学基础。

（三）单元概览——教程图的使用

布里格斯与韦杰曾举例说明怎样将预期目标加以分类，或者怎样用教学课程图的方式把这些组织的目标构建成教程单元。这暗示了教学设计的顺序，通过运用教学课程图呈现出图解之间的关系的教学过程，能全面发现教学过程中的必然联系，让学生能清楚知识点之间的差异，还能明确地体现出其必须掌握的技能。

赖格卢思与斯坦二者提出精加工理论，该理论主要提倡教学内容必须结构化，要一开始就能使学生形成整体的认知，即"概览"。这种"概览"中包含一般的、简单的与基本性的观念。接下来要能呈现出之前的观念，还能精加工出更加详细的观念。在后期需要对概览进行回顾并描绘出近期的观念和之前所呈现的观念以及其彼此之间的关系，也就是用概览针对所学习的内容形成一种整体性的结构认知，接着再细化不同内容继续学习，此学习阶段需要不断按照概览来加以回顾和反思，进一步地确立彼此之间的关联性，让他们都能明晰其整体结构。

将此种理论应用到单元整体教学过程中，能构建出单元整体框架图——单元概览图，这样能让数学知识之间产生相互联系，以特定的内在逻辑形式应用到各个单元当中。在单元整体教学过程中，教师必须把这些零散的数学知识点进行有机地架构、设计具有关联性的单元整体教学内容。教师利用单元概览图，还能较好地完成整体架构，相关教师需要利用结构性和整体性的教学思想，通过应用单元概览方式，把特定单元中有关联的知识点，用蜘蛛网似的架构方式进行贯通串联,使前后知识点之间建立紧密的联系。单元概览还可让学生用自主学习方式来加以整理,也可让师生共同梳理。呈现的时间具有一定的灵活性,需要在不同时间产生不同的作用。在单元整体教学初期,用单元概览图来呈现全部教学内容,让学生对所学数学知识产生整体的认识,其主要起到概览的效果。在开展初中单元整体教学过程中,教师还可随时将概览图结合所学知识点呈现出来,让学生能够反思和回顾之前所学的数学知识,夯实数学知识基础,认清楚本单元数学知识点之间的关系,从而让他们能够真正地掌握初中数学单元整体知识的全部脉络,还能帮助他们逐步养成良好的反思学习习惯,进而有效提升学生整体的数学学习能力。

(四)关于教学顺序的指导原则

单元整体教学的教学顺序需要参考教学目标来确定。此类教学顺序存在多种含义。其一,主要针对的是数学知识内部的逻辑顺序,之前的学习要能为后面的学习奠定基础,通常可以称之为递进关系。其二,教学的顺序不但应符合知识潜在的逻辑,还应当适应学生的认知规律。其三,教学顺序必须呈现出完整的认知教育过程。其四,教师还可按照实际需要,针对所教授的数学教学内容或者所设定的教学目标,科学合理地增加或减少课程内容或者优化调整教学顺序。

另外,在对初中单元整体教学进行设计时,还应考虑到所在学校的实际办学特色来优化设计单元整体教学顺序。有条件的学校可以借助多种数学研究课题,咨询教育界权威的研究机构,在统一的教学思想的指引下,构建出颇具学校特色的单元整体教学设计内容。这样对初中数学教师设计单元整体教学具有重要的参考价值,同时也能有效帮助本校教研组做好相关的教学工作,也可以将其作为学校的主要校本研修内容。设计单元整体教学顺序时应考虑教师的教学特长,教师可以针对所采取的单元整体教学策略科学合理地调整和优化教学顺序。教师在设计初中单元整体教学策略时,应按照特定的教学总体目标和各个课时的教学目标,划分好各个数学教学单元,同时还应按照有关部门颁布的数学新课程标准和以教材中的实际要求为基础设计单元整体教学内容。由此可以看出,初中数学教师所设计出来的单元整体教学顺序必须按照现代化的数学教育理念,结合新课程标准,并使用合适的教学策略来展示自己的数学教学特长。同时,教师还应考虑所设定数学教学问题的难易程度,按照由低到高的顺序来调整和编排初中单元整体教学顺序。对于同样的教学内容,可以设计多种不同的教学设计方案,提升教学的多样性,保证学生能够在课堂学习中能有更多的收获。

同时,应使设定的教学顺序符合绝大多数初中生的认知顺序及其认知规律。这就要求初中数学教师在教学过程中,必须全面了解全体学生现有的认知水平和认知规律,并以此为基础来展开初中单元整体教学。比如,在讲授"与三角形有关的角"和"多边形及其内角和"时,学生对"多边形及其内角和"有了一定的认知,就会直接影响到初中数学教师如何调整"与三角形有关的角"和"多边形及其内角和"的教学顺序和教学方向。初中数学课本上类似的教学案例还有很多,大量的教学研究表明,高质量的初中单元整体教学设计必须按照初中阶段学生的认知特点以及各种教学内容和教学理论来制定。

第四节 初中数学单元整体教学的特征及原则

一、初中数学单元整体教学设计

初中数学单元整体教学设计在内容上与以往单个课时的数学教学设计有很大的区别。相较于传统的初中数学单元课时设计而言,这种单元整体教学设计更为全面,设计过程更加完整、连续、动态化。设计的主体逐渐从个体转变成集体,同时也逐渐从"教"的设计过渡到"学"的设计。设计初中单元整体教学能够有效提高学生的数学素养,让学生养成良好的数学思考习惯,还可以使学生掌握多种数学思维方式,对培养学生正确的情感态度和价值观起到至关重要的作用。

二、初中数学单元整体教学的特征及原则

(一)整体性

格式塔基本理论强调应将把握好事物的整体性作为研究重点,先感知到不同事物的整体性,进而才能关注到整体中的各个部分。尽管这是心理学的理论,但与初中数学教学存在密切的相关性。其主要阐述的就是认知事物时先感

知到整体,接着再觉察到部分。这与数学各个知识点内部的整体性十分相似。因为学习数学知识本身就是用整体性、关联性的观念来构建完整的认知系统,不同知识体系之间、不同领域之间都存在或多或少的联系。如果在教育过程中,教育工作者指导学生先建立起整体性的认知观念,接着再让他们循序渐进地学习各个部分的数学知识,就能高效化地帮助他们掌握更多有效的数学学习技能,有效地提升他们的数学综合素质,对他们整个数学学习生涯都会起到至关重要的作用。所以,在进行单元设计时,教育工作者必须详细地分析单元教学内容各个知识点之间的联系,有时还需要通过其他渠道搜集与该内容有关联的其他内容。不管在制定单元目标期间,还是在规划数学教学内容的过程中,都应体现出单元整体教学的关联性特点。在设计单元整体初期,教师都必须着重将知识之间的关联性和整体性呈现出来,接着用对比教学方法来进行深度思考。用单元概览来统领整个单元的学习过程时,还应在不同课时教学环节中凸显出各个知识之间的关联性,用系统化的方式来进行整体性布局。这样学生就能够全面了解本节课所学知识的整体框架和学习重难点内容。接着用整体性观念来深度思考数学教学内容,逐渐使学生把握各个数学知识点之间的顺序关系,让初中学生能够真正厘清数学知识之间的逻辑关系。教师科学合理地将特定单元的数学知识加以整合和重组,让学生用整体性的学习观念感知各部分数学知识之间的关联性,进而有效地帮助他们建构更加清晰全面的数学知识脉络。

完整的学习过程主要分成三个阶段:学习阶段、保持阶段以及再现阶段。学习阶段指的是学生获取新知识的时期。保持阶段需要学生对知识加以提取和应用,避免学生逐渐遗忘。最后,为了避免学生将知识遗忘,还要多次再现。由于数学知识中蕴含了极为丰富的数学思想和数学方法,所以,教学设计者在实际设计初中数学单元整体教学时,必须从全局把控整个学段的数学知识脉络,要为学生提供充分展示数学能力的机会。

设计初中数学单元整体教学要求教师从宏观的角度深入理解数学教材,全面地把控单元整体教学的主要任务和具体要求,要把数学教学内容当作一个互相联系的整体,应把教学活动中的不同教学环节都融入整个单元教学策划当中来进行设计,要把各部分所联系的知识要素构建成有机的整体,应把划归、转换、归纳、类比、演绎、分析、构建数学模型等数学思想方法充分考虑到单元整体教学设计过程中,需要将各部分数学知识点整合成有机的整体。

单元整体教学设计的整体性具体体现在以下方面。一是应使数学知识内容具有整体性特征。设计单元整体教学必须把零碎的数学知识和数学思想重新进行整合重组，充分保证单元整体规划内容的完整，详细地按照课程标准和整个学段的定位情况来进行设计，使初中数学知识结构更具有系统性、完整性。二是安排教学时应具有整体性特征。设计初中数学单元整体教学还需要用单元整体思维和单元整体教学目标来一步步设计教学活动，要对每个教学环节进行全局性设计和考量，而不能只关注某个环节或者强调某个教学点。也就是在设计单元整体教学时必须以整体教学目标为出发点，科学合理统筹各个教学步骤和教学环节。三是把控学生整体性的认知水平。由于开展数学单元整体教学会涉及不同的年级和学段，不同年级和不同学段的学生本身的认知结构就存在巨大的差异，所以，在设计单元整体教学时，教师必须严格把控学生本身的认知特点和心理特征，应针对不同年级、学段的学生认知水平的差异性来进行单元整体教学的设计。要用整体化的教学视角综合地分析不同学生的实际心理特点和认知发展情况，既应当考虑到数学能力强的学生，还要顾及数学基础薄弱的学生。四是在重视整体性的同时，还要注重各个部分、各个阶段、各种课时之间所存在的联系。由于数学单元整体教学的设计涵盖了多种数学知识点，实际设计时比较复杂，所以，教师需要用全局性的眼光严格把控整个教学过程，并将其划分成不同的阶段，还应把不同阶段划分成各种课时，使阶段与阶段、课时与课时之间既要相互独立，又要在一定程度上互相联系。教学设计者既要从单元整体角度进行考量，还要对划分后的各个阶段、各个课时加以衔接和铺垫，要体现出纵向知识结构的关联性，同时教师还应进行系统化的思考，采取"上挂下联"的教学策略，使这种整体性、系统化的教学体系充分体现逻辑关系，能够深度反映出知识与知识之间的因果关系，这样才能够构架出更加完整的数学知识体系。

（二）层序性

设计初中数学单元整体教学还应具有层序性，需要把单元内部各个课时，参照对应的数学知识体系和逻辑顺序，按照由简单到复杂、由低难度到高难度的顺序予以整合和编排，不断优化改进设计内容，最终构建成层层递进、具有坡度的教学形式和训练方式，使设计出来的初中单元整体知识体系、教学内容横纵之间联系得更为紧密。要使各个单元的数学知识在层次上呈现出螺旋式的上升趋势，达到循序渐进的效果，教师需要把单元整体教学内容用专题的形式进行划分，并把每个专题中的学习内容、目标任务、情感态度和价值观之间的关联层层递进地体现出来，同时用流程图体现出本单元整体教学的顺序和逻辑关系。教师还应把单元整体教学内容和教学中重难点部分的设计放在首位，再细化各个部分的数学知识点，使所呈现的数学思想和数学方法能够相辅相成，同时还要对数形结合、数学建模加以层序化的设计，这就需要对数学分析、课标分析、学情分析、重难点分析、教学方式分析等进行层序性的调整和创新，以及在数学概念的引入、情境教学的创设、例题习题的编排上加以层序化的设计和生成。教师也要对单元整体教学中学生的学习成果、学生分析和解决数学问题的能力进行层序性的教学评价，这样才会使教学目标、教学内容、教学评价产生最为理想的教学效果，还能够帮助学生深刻地理解数学学科的本质，可以进一步优化学生的数学认知结构，使学生获得"四基"，发展"四能"。

(三)生本性

我国在培养学生核心素养时主要以"全面发展人的综合素质"为核心，由此可见，学生才是教学的主要对象，教育的本质就是为了推动学生的全面发展。《国家中长期教育改革和发展规划纲要(2010—2020年)》中指出，教育工作的根本要求是育人为本，教育应全面考虑学生，重视每名学生的学习和发展，尊重教育规律和学生身心发展规律，为每名学生的全面发展提供高品质的教育内容。教育工作者应重点培养学生的知识概括能力和实践应用能力，设计的数学问题要具有一定的探索性，能够充分展现出学生的判断能力和再创造精神；设计的单元整体教学内容应具有多种解题方式，能够充分提高学生的数学思维能力和抽象能力。教学设计者还应当从以生为本的教学角度设计需要学生自主探究和合作探究的单元整体教学内容，这样可以培养学生的数学思维和合作能力。

设计单元整体教学时应充分考虑到全部学生，应使所建构的单元整体教学适应学生本身的认知规律，充分落实三维目标，培养学生的"四基""四能"和数学学科核心素养。同时，设计单元整体教学还应重视建构整体性的知识框架，深度挖掘数学知识之间的内部联系，要对数学教学内容进行优化重组，构建知识网络，在实际期间还应该重视数学知识之间的层次性和阶梯性，循序渐进地推进教学，使其符合学生的认知规律。不管设计的初中单元整体教学是三维目标，还是"四基""四能"目标或者核心素养目标，都不能想着一蹴而就，而应该有始有终地把这些单元整体教学目标贯穿到单元整体教学的各个环节中，还应该符合学生的实际发展规律,用调查、访谈、数学测试的方式了解学生的数学知识掌握程度、学习风格以及学生对数学知识的情感态度,使学生得到全面发展。

(四)动态性

动态性是单元整体教学设计的主要原则,所以在设计单元整体教学时既不能操之过急,也不能有一劳永逸的想法。教学设计者应具有不断改进、不断完善的动态性发展设计思想以及完善的思路和步骤,还要根据系统论、学习论、传播论等整体教学思想在教学过程中不断地操作和调整。设计初中数学单元整体教学内容可以分成两个阶段。

首先,教学设计者应避免僵化、机械的单元整体教学思想。数学课堂教学必须具有一定的计划和目标,但由于数学课堂教学具有动态化的特点,所以任何一种教学设计都不会尽善尽美,数学学科教学设计者必须不断地进行教学实践才可以将整个教学修改得更加完善。此外,由于设计初中数学单元整体教学所耗费的时间较长,复杂程度较高,需要循环反复地进行教学实践设计,不断地进行完善,所以在设计初中数学单元整体教学时,教师必须预留充足的教学时间和空间来把控单元整体教学设计的节奏。教师要有充沛的精力和时间在实践教学中发掘新型问题,不断涌现出多种新的教学思想,对照之前的教学内容和所产生的问题,来调整和改进单元整体教学方案和教学节奏。

其次,在实施单元整体教学策划之后,教师还要利用额外的时间来进行教学反思和教学总结,而不应该在反思之后就随意弃用。参与教研的团队应先进行科学合理的改进,改进单元整体教学设计之后再进行下一轮的教学环节。这种动态化的教学过程唯一不足的地方就是需要反复地修改,但是可以为下一届数学教师的教学提供借鉴,这样也会使教学设计一直处于不断改进和完善的过程中,使初中数学单元整体教学设计在动态化的发展进程中日臻完善。

(五)创造性

设计单元整体教学内容属于一项庞大的教学工程,依靠单个教师,很难高效率地完成,需要依靠教师团队或者请相关的专家和学者参与进来,依靠团队合作的力量完成初中数学单元整体教研任务。首先,应增加教师间的交流和合作,在准备时期,先让教师团队进行协作,以集思广益的方式确定单元整体教学的划分情况。其次,对教材内容加以统筹重建,还要梳理好教学主线,确立好单元整体教学的目标和各个阶段的教学规划情况。在实施阶段,当教师发现起初的预设内容与学生的实际情况产生矛盾时,教师团队应集体对起初的方案进行适当的调整和改进。最后,在对初中数学单元整体教学的设计进行评价时,应细致地分析和总结此次的教学经验,并及时地把各个阶段的教学问题总结出来反馈到相应年级的教师研究组中。

教育专家认为系统化教学设计的本质是为了推动学习者持续性地进行学习,采用系统化方法把教学理论和学习理论等与教学进行结合,适当地加以转换,针对教学内容、教学目标、教学策略、教学评价等各个教学环节进行科学合理的设计和规划,并针对实施过程、操作程序创建出教与学的系统。以上所指的"转换""创设"并不是数学课程标准和教材提供的,也不是由管理层统一来进行布置的,而是在教学过程中完成的,这就充分体现出单元整体教学的设计是创造性的教学成果。

设计初中数学单元整体教学需要教师对所开展的教学活动进行预设,按照教师本身的教学专业化能力、储备的知识、数学课程标准中的重要知识和所教授学生的整体认知发展情况,针对数学教材的内容和活动进行合理的、创造性的整理、扩充和重构,来体现教师对所教授数学内容和教学方法的独特见解。初中数学教师通过创新和开发设计单元整体教学过程中的不同环节,融入自己独到的教育思想,可以在教学实践过程中创造性地应用和发展自身的单元教学设计理念。

(六)逆向思维

教师在初中数学教学活动设计的过程中应以教学目标为导向,围绕教学目标设计一系列的教学活动。初中数学教学应针对教学内容设计相应的练习,应有相应的作业训练,并对学生的学习情况进行合理的教学评价,明确学生的学习情况,从而使教学更加高效。在进行教学作业设计时,教师应围绕教学内容,以巩固学生的数学基础和教学目标为基准设计作业。在对学生进行教学评价设计时,应以教学目标为评价标准,对学生进行客观合理的数学评价,从而达成教学目标。所以教学目标对教学设计的意义重大。

在初中数学教学设计时为了避免单元设计出现"覆盖教材内容式设计""活动导向教学设计"两种形式主义的教学设计,教师应对传统设计理念进行创新,采用逆向思维设计单元教学目标,努力实现高效教学。单元教学目标分为两类:内容和任务目标、思维养成和跨学科经验目标。其中的内容和任务目标是指基本的知识与技能,包括对概念、定理、性质等知识的理解和对运算、作图、运动等知识的实操,这对学生的数学基础性素养的培养有着重要作用。而思维养成和跨学科经验目标是指通过对教材中的各单元教学内容的建构,在教学中对学生的数学框架进行构建,引导学生将新旧知识加以联系,从而培养学生的迁移能力,并且让学生掌握数学方法,使学生的学习更加高效,从而实现学生数学思维的提升。因此,教师在对教材中各单元的教学内容进行设计时应基于逆向思维,将教学知识进行整合,对教学目标了解透彻,在教学中围绕单元教学内容进行教学设计,设定好教学目标,在开展教学后每节课争取达到预期的教学效果。在对教材中其中一个教学目标的单元教学结束后要对学生进行相应的教学测验,了解学生的学习情况,并根据学生的学习反馈进行教学调整,以确保学生可以获得知识和提高能力。教师在设计单元目标时应注重可测性,方便教师在对学生进行评价。

单元教学目标设计并不是取代传统的课时教学目标设计。教师在单元教学目标设计的过程中应对教材中各单元内的各个小课时的教学目标进行相应的分析,然后将其进行整合,对其中相互关联的内容进行编排,整理出相应的知识框架,注重单元目标的整体性,并在之后的教学过程中将教材中设计的教学目标和单元整体性呈现出来,最终达到设定的教学目标。例如,在初中数学教材中,教材的编排是基于单元设计的思路,将其中一个知识点的教学内容进行分解,分成细节性的教学单元小节。

(七)整体统整单元资源

在初中数学教学过程中,单元资源的运用能在很大程度上提升教学的有效性。单元资源是指支持该单元教学的材料或工具,属于教学延伸,可以对教材内容进行延展与补充,丰富教学内容和教学形式,在教学中多以文字、动画、程序、实物等方式呈现。教师对这一教学资源的运用能有效激发学生的学习兴趣,让学生更容易理解教学内容,提升学生在初中数学教学中的参与程度。因此,教师在教学中运用单元资源能有效地保障教学的高效实施。

单元资源能帮助学生形成抽象思维和数学思维,提升学生的数学核心素养。例如,在初中数学教材中的几何教学部分,图形运动类问题过于抽象,导致学生较难理解,特别是在综合题中难以想象运动后的图形形状。这类教学内容对学生自身的数学想象能力和逻辑思维能力要求较高,但初中阶段的学生的这项能力比较薄弱,这就导致学生在面对这类问题时会遇到困难。虽然对图形运动的学习付出的精力较多,但解决此类问题的能力依然不强。针对这一情况,教师在教学中可以利用单元资源进行教学,借助几何画板,帮助学生从感官上认识图形的运动,学生通过对单元资源进行观察、理解,对学习内容的理解会更为透彻。

单元资源能有效地丰富教材内容,活跃初中数学课堂教学。网络上辅助教学的资源越来越丰富,为教师进行数学教学提供了多样的教学选择。在教学前,教师可以基于教学内容,通过互联网平台搜集相关内容的微课程、实操类活动,将这些教学资源融入课堂教学中,从而打破初中数学教材的局限,创建一个多样化的高效教学课堂。

教师在传统的课时教学中,设计的教学内容主要与各个知识点相关,这样的教学内容有些片面。而单元整体教学形式能将教材中各单元的教学内容进行整合,因为单元涉及的内容较为广泛,教师根据单元教学内容搜集的内容范围也会相对广泛,再依据单元结构恰当地选择资源应用到教学活动中,帮助提高课堂教学效率,提升学生的数学素养。教师在选取过程中应注意单元资源与教学内容的贴合度,避免构建的单元教学核心混乱,影响教学进度。教师还可以观看和学习互联网平台上的名师名课视频,学习名师的优秀教学理念和教学形式,并将优秀的教学形式运用到自己的教学中,对自己的教学内容进行补充完善,优化初中数学教学课堂。以教学目标和教学内容为基础进行教学设计时,教师可以将PPT、动画、微课等对学生有吸引力的教学资源运用其中,对初中数学教学课堂进行高效优化,创建符合学生学习特点和新课标教学理念的教学课堂。

(八)单元教学设计要素

研究教育教学的相关学者将数学教学设计归纳为:教学实际在教师思路中的预演,在此过程中教师应充分重视学生、课标、教材、教师、教研五个要素,将这五个要素进行相应的融合,让这五个要素能进行高效合理的互动。在此基础上开展教学,可以更好地帮助学生进行数学知识与规律的建构,为学生学习提供坚实的基础,从而提高教学设计的有效性,让学生能高效地进行数学知识的学习,达到初中单元整体教学的目标。

单元结构化教学设计，在本质上没有脱离以往的教学形式，二者之间有一定的关联性，其本质依然是以现阶段的教学情况为基础，基于课程标准的教学设计。因此，在进行初中数学教学设计时应围绕教学设计的基本要素进行设计。

单元结构化教学设计，是以知识间的关系为主线，脱离教材中章节的束缚，系统地整合单元设计的五个要素。有学者提出，数学教学设计需要考虑梯度性的结构。此理论提出应对学生自身的学习能力和学习情况进行相应的了解，并对教学内容进行创新设计，激发学生对教学内容的学习兴趣，提高学生在课堂的有效参与度，通过优化教学过程来获得尽可能理想的教学效益。单元结构化教学设计应紧紧把握初中数学教学设计的教学要求，特别是在单元活动设计模块，应充分考虑教学目标、学情、教学资源、活动形式等，将学生作为课堂教学的主体，创建能激发学生学习兴趣的教学内容，提高学生在课堂上的融入度，实现教学效益最大化。

(九)单元评价设计多样化

单元评价主要是指教师与学生在完成某个单元的教学、学习后，教师依照一定的教学目标设计针对单元评价的练习，并通过相关数据资料的收集与分析，对学生在单元学习后所获得的数学知识和技能做出客观衡量和科学评价的系统过程。在单元评价的过程中，教师需要关注和思考单元评价目标、单元评价内容、单元评价方式、单元评价结构、单元评价难度和单元评价设计。其中，单元评价设计应体现多样化。

教师在对某单元教学进行单元评价时，应以单元目标为基础，对单元目标进行相应的分析，并做出全方位的评价。为提升评价质量和效率，教师单元评价的设计应当多样化。由于评价内容的不同以及各知识点侧重的核心素养的不同，教师在评价中不能选择相对单一的评价体系。为使评价结果符合科学性和全面性的要求，教师应对评价体系和形式进行优化。其中，评价依据评价主体可分为学生自评、学生互评、教师评价和家长评价；依据评价时间可分为教学实施前评价、教学实施过程中评价、教学实施后评价；依据评价功能可分为诊断性评价、形成性评价、总结性评价；依据评价项目可分为单元检测、课堂检测、学生情况汇报、课堂表现、作业表现及其他学习活动表现等。

将单元评价与传统教学评价方式进行对比，会发现传统的教学评价多以测试为主,这种评价方式相对单一,会导致教学模式的单一化。这种单一性的评价方式会给学生造成一定的不良影响,教师在教学中将学生的分数提升作为主要的目标,忽略了对学生本身的数学学习能力的培养。而随着教育改革的推进,教师在教学中增加了多种形式的教学活动,丰富了评价的方式。

第五节　初中数学单元结构化教学

一、单元结构化设计以课程标准为参考

随着新课程教学改革的推进,初中数学的教学目标更加明确、详细。对于现阶段的教学课堂的教学基本定位是"打好基础、学会应用、激发兴趣、启迪思维",十分重视培养学生的自主学习能力,端正学生的学习态度,提高学习效率。"打好基础"并不只是指学生对公式、概念、定理等内容的简单记忆以及会计算、会作图等能力,而是指通过高效的数学教学,培养学生的数学思维,以及培养学生发现问题、提出问题、解决问题的能力,从而达到培养学生数学核心素养的目的。而"学会应用"不单是让学生能通过公式、定理等方法去解决数学问题,而是要让学生能在文图解决和探究的过程中感悟数学的价值,意识到数学对人类发展、科技创新等方面的意义,激发学生对数学的学习兴趣,让学生能更积极地参与到教学过程中来,为学生之后的数学学习夯实基础。

教师在初中数学教学中开展解构教材再建构教材的改革探究,应将课程进行相应的结构划分,以单元作为结构枢纽。教师在建构单元的过程中,要将教材中的知识点,用线性、并列或中心发散等逻辑关系建构,以各单元作为搭建支架,并将教材中零散的知识点填充其中,编织成知识网,在之后的教学中对知识点进行讲解,引导学生将知识点融入自身的知识框架中,进而帮助学生构建自己的知识体系。或在教学中采取适合学生和教学内容的教学方式,引导学生找到适合自己的学习技巧,进而培养学生的数学思维和对数学知识的掌握运用能力,以实现新课标教学理念确定的培养目标,巩固学生自身的数学基础。

二、"以学定教"的教育观念满足学生发展的要求

在建构主义理论的基础上,教师应明确认识到学生对新知识的建构是提升

学生数学素养和学习能力的基础，在教学中应通过建构知识体系将新旧知识形成联系，组建成完整的知识框架和认知体系，进而让学生能更高效地应用知识点。在传统的教学模式中，教师对教学内容的设计主要是例题的讲解和对知识点的运用训练，这种教学形式让学生对定理、性质和概念等的理解不够深入透彻，学生在课堂上的表现过于被动，只能通过死记硬背或者反复操练掌握知识点，不利于培养学生的自主学习能力，不能充分发挥学生的主观能动性，不符合学生的数学认知发展需求。这种教学形式的缺点是学生的学习缺乏灵活性，在考试时遇到较为复杂多变的题目时难以得分，这在培养学生的数学素养方面存在明显的弊端。

在设计教学活动时应该适当突破教材中章节对教师教学的局限，在对单元教学内容进行二次建构的过程中，教师的设计目标主要是让教学内容符合教学目标，以教学目标为基础对教学内容进行相应的调整，从而形成以教学目标为导向的教学形式。对教材中的单元内容进行分析，将教学内容分解成多个教学课时，针对总体和各知识点教学目标，设计相对应的高效教学活动，在教学中让学生对教学内容进行自主探究，从而优化完善学生的数学知识体系，让学生能在自主学习知识的过程中掌握当前单元的知识和技能，并能在遇到实际问题时运用所学的数学知识进行解答，进而巩固学生在单元学习中学到的知识。

"以学定教"将学生作为数学教学主体，教师转变教学位置，引导学生进行数学学习。在教学中，教师应对学生的学习情况进行了解，并基于学生的情况设计数学教学的内容和形式。教师在教育教学的过程中应当充分发挥自身的主导作用，遵循学生自身的发展规律，对教学内容进行整理集合，并进行相应的框架构建，帮助学生掌握数学学习技巧，即先对教学知识进行理解，再进行实战练习，提升学生对知识点的运用能力，这样才能实现有效的课堂教学，达到最终的教学目标，实现高效教学。

三、聚焦知识建构实现分层教学

数学是对学生自身的思维能力要求较高的学科，其教学内容能将生活中的实际情况抽象化，进而转变为理论知识。学生对数学知识的学习是通过运算、推演、证明等方式掌握合理的思维形式，对数学教学内容中的数量关系、空间关系等问题进行总结，培养良好的数学思维，为之后的数学素养提升奠定坚实基础。学习数学需要具备抽象思维、逻辑思维、分析和解决问题的能力，而这些核心素养是需要教师进行培养的。建构主义认为,知识迁移下的发展性思维的形成,是在学生原有数学知识的基础上,将新的数学知识融合到学生之前的数学基础中,因为学生的数学基础有所差异,所以学生在面对新知识的输入时,对数学知识的认知是有一定差异的,这种差异直接影响学生对学习的数学知识的掌握和运用。一些数学基础较为稳固、数学学习反应较为敏捷的学生在"解构—建构—再建构"的过程中对知识掌握得较快。而那些缺乏数学思维的学生在学习数学的过程中会感到阻力重重,对数学知识的掌握能力较弱,在学习中的表现并不突出。初中数学知识还是相对偏重基础的,知识点相对简单一些,但学生之间的学习差异导致教师的教学不能只根据一种教学形式进行。若教师在进行教学设计时,只是对单元教学中的某个知识点进行教学,将不利于教师在教学中对学生的思维进行拓展性训练。因此,教师在教学中应采取有针对性的教学形式,即对不同表现的学生采取不同的教学方式,让不同的学生都能得到有效提升。

在针对数学能力较强、数学思维较敏捷的学生进行教学设计时,教师需要综合单元中所有的教学课时,将知识点进行整合,或是对这类学生采用多种方法解决问题和发散性思维的教学,培养学生的数学素养,让学生能实现更高层次的提升。在教学过程中,教师在教学内容的设计上应围绕整个教学单元,厘清单元中相关联的知识点的逻辑关系,并将其进行整合,同时引导学生运用多种解题方式去解决问题,培养学生运用不同思维方式思考问题的能力。并根据教学目标对知识进行整合,从而构建其知识框架,引导学生分析其中的问题,进行有针对性的解决,进而提高学生自主梳理知识点之间联系和创建知识框架的能力,提高学生在解决问题时能举一反三和从多角度分析问题的数学能力,从而让数学素养好的学生获得更大的进步,达到教学目标。

而面对数学学习能力相对较弱的学生,在数学学习过程中,一旦在知识的"解构—建构—再建构"的搭建过程中有环节出现断裂,学生自身的数学知识结构会受到极大影响。在面对日渐增长难度和深度的学习内容时,学生学习框架构建会更加凌乱,导致学生的数学框架不够稳固,甚至无序,最终难以提升数学核心素养。所以教师在进行较为基础的数学知识的教学设计时应恰当地帮助此类学生去构建数学知识框架,从而巩固学生的数学基础,让学生能在稳固基础的过程中逐渐获得更为深入的数学知识,并将其融入自身的数学框架当中,进而培养学生的数学思维。教师在对学生的数学知识能力进行提升发展和在设计教学活动的过程中,应将学生的学习情况和数学基础考虑其中,让教学能围绕学生进行,提供符合学生数学能力的教学内容,问题的训练难度要适中,从而激发学生对数学的学习兴趣,培养学生自主学习数学的能力,有效激发学生自身所拥有的数学潜能,为学生之后提升数学成绩奠定坚实基础,这样才能帮助学生更好地进入下一个数学学习环节。

四、基于单元设计教学深化教师对教材的理解

在初中数学教学融入单元结构化教学设计的发展进程中,教育部门展示了很多名师单元设计的教案,并针对以单元设计为主题的教学形式和教学理念举行了专门的教学论坛和讲座,为现阶段初中数学教学提供了更为先进的模板,教师定期对其进行学习,有助于提升自身的教学能力。笔者在学习后,在进行教学设计时也主要围绕单元进行备课,阅览大量单元备课资料,积极参与备课活动,并将其进行有机结合,从而更全面地了解了有经验的优秀教师是如何解构教材,分析单元的教学目标、重难点知识和教法学法的,也就能更有效地根据学生的学习情况和兴趣特点去设计教学内容。因此,教师在教学中应充分了解教材中各个单元的教学内容,对其进行合理的单元规划,设计出符合学生学习需求和学习兴趣的教学课堂,提高教学的专业性和有效性。

单元结构化教学设计的基础是教师要有良好的教学素养,要对所教学科的知识体系和知识框架有明确的了解和认知。这对教师教学设计能力的要求较高,需要教师在教学设计中对横向和纵向两个维度都要有所体现,并且将二者之间的关系进行统筹规划,提升教学效率。

第三章　初中数学单元整体教学设计实践探索

第一节　初中数学单元整体教学的基本流程

加涅在《教学设计原理》一书中提出了教学的一般模式：教师在教学中要对初中数学教材内容的前后关系和结构进行分析，根据分析结果去确定知识与技能、过程与方法、情感态度与价值观的教学目标。同时，教师还要对学生进行细致的分析，掌握学生在数学学习过程中所具备的内在条件和外在条件，了解学生的年龄特点和兴趣爱好。设计是指教师在教学前期对教学内容进行计划与整理。开发是指教师根据教学内容去准备适合教学的教学材料以提升教学质量。实施是指教师在进行上述准备后将准备的要素与教程进行有机结合并投入使用。评价是最后一个阶段，帮助教师了解教学中的反馈情况，从而确定问题解决方案是否成功。

一、单元分析、发现问题

教师对初中数学的单元分析可以分为教材分析和学生分析。教材分析可以从横向、纵向两个角度深入解读数学知识间的逻辑结构和逻辑关系，从而掌握教材内容中的重点和难点。横向分析是指教师通过分析课时之间、单元之间等相关内容之间的关系，把握学习内容的本质，为单元教学设计奠定基础。教师也可通过比较不同版本的教材在内容的编排、教学目标、教学重难点等方面的不同，从中选择相对高效的做法，从而达到取长补短的效果，提升自身的教学素养。纵向分析是指教师分析与教学内容相关的结构性知识链接，从数学知识的发生到结束的环节中研究挖掘其中的教学重难点，并对此进行相应的拓展，转变传统的教学形式，将节点教学转变成结构教学，提升教学的完整性和连贯性。

有关教学设计的相关研究在理论基础中提到，教师在进行教学设计时必须注意学习发生的内在条件和外在条件。在单元整体教学中，教师要了解学生对数学的学习能力和自身所掌握的数学基础，分析学生原有的数学认知水平。在教学设计时，教师要了解学生对教学内容的掌握程度、现阶段对数学的熟悉情况和教学后对数学的掌握情况。

在分析的基础上，我们发现教材在编排上存在一些问题，比如，教材对教学内容的安排与学生自身对于数学知识的理解规律是不匹配的，教材中对章节的安排和数学知识本身的内在逻辑有一定出入。因此，我们试图从整体上梳理出更适于初中学生对数学知识的认知建构和学情基础的知识脉络，对教学内容进行相应的整合调整，让教学内容更有针对性，激发学生对数学的学习兴趣，让学生能更好地学习数学知识，从而提升教师本身教学的深度和宽度，实现高效教学，达成素质教育的目标。

二、分析问题、提出构想

在现阶段的初中数学教学过程中，教师应将整体性原理、结构性原理等科学理论融入课堂教学中，将教材上的教学内容进行整合完善，从而使教学内容更具整体性和结构性，更符合学生的思维和认知规律，进而提升学生对教学内容的探究和认知能力，让学生能形成稳固的知识框架。在教学中，教师要结合教材和在课堂上发现的问题进行整合，提取其中应改善的内容。教师在集体备课中，应对问题进行分组研讨，分析问题出现的原因以及解决方式，对如何整合重构教学板块进行探究，让构建的单元教学内容符合学生数学知识学习的规律，满足学生的学习需求，达到教学的最终目的。

教师对教学内容的重新构建是为了更加合理地进行教学实践，提升教学效率。第一个步骤就是将教材中的各个单元进行重新构建，对细节的调整以构建框架为基础，将数学教学内容进行相应的整合。在对教学内容进行重新整合后不可避免会有一些课时多出来，教师可以对这些多出来的课时进行规划，可以根据教学内容的难易程度进行划分，在对某些较难的教学课时进行设计时增加相应的课时延伸，或者在某一节课后做目标上的拓展。总之，教师在重新构建初中数学教学内容时应对教材中的单元序列进行调整，并将其中分散的单元内容进行连接整合，同时根据教学情况和学生特点拓展单元目标，提升教学深度。

三、选择内容、展开设计

因为时长问题和研究的需要,教师在单元整体教学研究中,只能选取有代表性的内容作为单元核心概念进行单元整体教学设计和课堂实践。教师在整体初步构想的思路下,以典型单元中的典型课例为基础,展开教学设计。在设计中,教师围绕学生的数学基础和学习特点进行设计,在一定程度上体现数学知识的整体性、关联性和结构性,让学生认识到构建数学单元整体结构的作用,激发学生构建自己的数学知识基础框架的兴趣,让教材的知识排列与学生自身的思维认知产生共鸣。同时,在学生研究活动中,教师应引导学生自主学习和探究教学内容,让学生将新旧知识进行连接,并让学生根据教学内容构建框架,培养学生的思维活跃度。在教学中,教师选择的教学资源应在符合教学内容的同时,更加多元、有效,实现高效教学的目标。

四、设计单元活动支架

单元是初中数学教材和教学过程中的重要组成部分,对教材编排和教师教学有着重要作用,其特点是以教学重点和教学目标为核心,目的是促进学生对初中数学教材中的教学内容的理解和掌握,激发学生对数学的学习兴趣。因此,教师在初中数学教学过程中也应运用单元整体教学形式,以教材中的单元知识重点为教学目标,对教学内容进行统编,设置相对的教学框架,由浅入深、由易到难地组织知识,让其符合学生对数学知识的学习顺序和规律,培养学生的数学学习能力,提升学生的数学核心素养。同时,在设计教学活动时应关注情感价值目标,在课堂教学中创建符合学生学习爱好的教学形式,丰富教学活动的形式,激发学生对数学的学习兴趣。在教学中对学生进行相应的数学训练,帮助学生积累解决数学问题的经验以及发展学生的创造能力和创新意识,让学生能养成良好的学习习惯,为学生之后的数学探究奠定坚实基础,实现素质教育的教学目标。

相较以往的课时教学形式,教师在设计单元活动时对知识点的设计更符合教学目标,将知识点进行前后衔接,对学生进行拓展性知识教学,有助于培养学生举一反三的数学思维和一题多解的能力,提升学生的数学核心素养。

五、单元作业设计

在进行总单元的作业设计时,通常是在一个大单元的各个小知识点讲完之后,以章节为单位开展单元复习,或者在本周的教学内容讲完后,引导学生对本周的教学内容进行总结复习,这种作业训练形式对教学内容聚焦知识点或方法的建构来讲通常不够连贯。另外,因为年龄问题,一些学生的数学思维并不完善,对教师的教学内容掌握程度不佳,无法将每节课的知识点进行串联,通常就课论课、就题论题,一旦有连贯知识出现,学生就无法理解。最终导致学生对初中数学知识的掌握出现碎片化的现象,虽然对教师在课堂上教学的内容有所了解,但是在遇到别的问题时就无法进行解答,学生的应变能力和数学发散思维没有得到好的发展。因此,教师在教授新课前,应对教材中的教学内容进行相应的统筹规划,找出本章节的总目标,对教学章节进行分析,找出其中的重点和难点,从而对整章的知识点进行整理划分,再整合其相同点和连接点,并根据各知识点之间的关系,组建成知识框架,从而形成微单元,教师再以微单元为结构构建整章的数学体系。教师在进行微单元的建构时,除了依据教材内容确定单元外,还可以对其进行相应的扩张,根据知识的探究方法,运用数学思维等,形成如方法类、问题类等微单元。例如,正、反比例函数的探究过程方法是相同的,教师在教学中先观察解析式总结特点,再描点连线形成图像,然后依据图像探究性质,最后利用函数解决实际问题。而且一次函数、二次函数的学习皆是按此方法进行,所以在低年级时进行函数学习方法的提炼和总结有利于高年级的问题的探究。

通过微单元作业设计巩固课上类比学习的探究方法,将未知的问题转化成已学内容,可培养学生的数学思维,让学生能进行发散学习,充分利用化归的数学思想。所以,在进行单元作业设计时,教师应对本章的教学内容进行充分了解,掌握教材中该章节的教学目标,并对其进行整合拆分,将其分解成每个课时的小目标,再整合形成微单元目标,并依据教学目标设计教学过程及作业,这样有助于学生在课后完成作业的过程中巩固所学内容,同时构建知识网络,提升学生的数学核心素养,培养其数学思维,让学生能构成自己的数学体系。在作业设计过程中,教师应以单元为单位,并依据解决问题的方法或知识的生成逻辑,让学生通过绘制思维导图对本单元的知识内容进行汇总,让其能形成符合教学内容的知识网络,构建相应的知识框架。以微单元复习课作业设计为例,教师在设计数学课后作业时,应结合微单元以及整章节内容,遵循多样化原则,以促进学生的数学思维成长为设计导向,发挥学生的自主性,激发学生的兴趣,让学生在多样化又有趣的作业中提升对数学知识的理解和掌握能力,促进学生数学核心素养的全面发展,为学生的数学成长奠定坚实基础。

第二节 初中数学单元整体教学的实践过程

一、整合单元教学内容

在初中数学单元整体教学过程中,教师要对数学知识进行单元整体教学,依据学生的逻辑思维方式和学习能力制定合理的教学内容,引导学生对知识有更为深刻的认识,确保学生对知识的完整体系有更为深入的了解,进而使学生能够形成完整的数学知识逻辑思维,这样学生的学习能力就能够得到提高,课堂教学的有效性也得以提升。

二、确认单元整体教学目标

在单元整体教学的过程中,教师要想保障课堂教学的有效性,最重要的就是要确认单元整体的教学目标,并围绕教学目标为学生构建完整的数学单元学习框架,让学生能够更积极地参与到学习的过程中,对学习有更为明确的方向,对知识的掌握更加高效,进而提高学生的学习效率、学习能力以及课堂教学的有效性。

三、在明确教学目标的基础上进行教学设计

在初中数学课堂教学中,教师要根据单元整体的数学知识内容在明确教学目标的基础上进行教学设计,有针对性地开展教学,让学生能够更积极地参与到学习的过程中。在课程设计的过程中,教师要对教学内容的重点和难点进行教学设计,让学生能够更系统地进行知识学习,更高效地掌握学习技巧和方法,进而提高课堂教学有效性。

(一)对教材知识充分掌握后合理设计教学

在单元整体教学方式下,教师要对教材有充分的认识与了解,结合学生的实际学习情况积极进行备课,设计科学合理的教学流程,同时要帮助学生认识到单元之间、各个知识点之间的相互联系,帮助学生夯实巩固之前学习过的知识,帮助学生加深对本次新学习的课程的理解,提高学生在数学课堂中的学习效率,培养学生的数学思维和核心素质。

例如,教师在讲解北师大版九年级"圆"这一章时,教师首先应该对本章知识的重难点了然于胸,结合多边形的研究思路,明确研究几何图形的思路:定义—表示—性质—判定—应用(关系)。在引入"圆"这节课时,建议设法让学生观察感受车轮为什么是圆的,借助生动有趣的教学情境,激发学生的学习兴趣,提高课堂参与度。同时,厘清本章知识的内在联系,例如,从整体来看,圆的性质是轴对称、中心对称图形,具有旋转不变性,接着研究局部性质:弦、弧、圆周角和圆心角。根据圆和线段都是轴对称图形,我们接着思考:圆和圆内任意一条弦能否组成轴对称图形,怎样找到对称轴,顺其自然地引出垂径定理及其推论,强化知识前后的联系。在研究点与圆、直线与圆的位置关系时,帮助学生理解其本质:点与圆的位置关系可通过点与圆心的距离与半径进行比较得出,直线与圆的位置关系可通过圆心到直线的距离与半径进行比较得出。教师只有善于梳理和思考单元知识间的内在联系,合理设计教学过程,才能引发学生思考,提高学生分析、解决问题的能力。

(二)对教学内容进行分层,帮助学生逐步理解

数学是一门十分重要的学科,教师在进行数学知识的教学时,要带领学生认识到数学知识的重要性,单元化教学可以有效地提升学生对于知识的实际运用能力。教师在对学生进行单元化教学时,要将学生作为课堂中的主体,结合学生对于知识的了解情况,不断调整教学内容,帮助学生科学地学习知识。教师可以将单元中的知识进行整合分层,由简到繁、由易到难地给学生讲解,帮助学生逐步理解知识,逐渐拓展学生的思维,提高学生对知识的实际运用能力和学习效率,帮助学生构建完整全面的知识体系。例如,在对"三角形"知识进行讲解时,教师要将三角形中的相关知识进行分层,首先为学生讲解与三角形有关的线段,其次为学生讲解与三角形有关的角,由简单到复杂地逐步讲解,帮助

学生调动主动思维,最后帮助学生拓展思维,使学生独自思考与探索多边形及其内角和,加强学生在初中数学课堂中的主动性,利用分层的方式,帮助学生逐步理解、运用知识。

(三)利用单元思维导图,帮助学生自主学习

传统的数学教学课堂中,教师给学生进行知识讲解时,往往是按照教材内容照本宣科,教学方式单一死板,学生无法充分地理解与运用知识。因此,在对学生进行实际教学时,教师可以利用思维导图,将数学知识之间的关联更加直观地进行展示,帮助学生加深对知识的理解。同时,可以引导学生依据思维导图进行自主学习,提高学生的实际应用能力,调动学生的主观能动性,强化学生的数学思维,培养学生养成良好的学习习惯,为其今后的学习奠定良好基础。例如,在学生学习代数式时,教师可以利用思维导图,使学生对本单元内容有初步认识,给学生提供学习研究思路,帮助其梳理知识脉络,加强学生独立学习的能力和对知识的理解,提高其运用知识的能力。

(四)充分发挥知识的迁移作用,按认知规律设计单元整体教学

通过仔细观察初中数学知识,我们能够发现,初中数学知识点之间普遍存在着联系,这对于学生学习、理解知识点有着重要的促进作用。比如,在学习"与三角形有关的角"时,教师要充分发挥知识的迁移作用,严格地按照初中生的学习规律开展教学。首先,教师要让学生仔细观察与三角形相关的角,让学生明白三角形的内角和是180°,三角形的一个内角和它相邻的外角之和也是180°。其次,教师可以给学生整理一些具有代表性的习题,让学生进行练习,进而让学生能够熟练地掌握三角形相关的知识。最后,教师需要对三角形知识进行拓展,要让学生直观地认识等腰三角形、等边三角形、直角三角形,甚至还可以让学生接触勾股定理,为学生接下来的数学知识学习奠定坚实的基础,帮助学生构建一个完整的知识体系,提高学生的数学核心素养和综合能力。

(五)充分利用数学的转化思想,提高课堂教学效率

在初中数学单元整体教学过程中,教师不仅要让学生掌握相应的数学知识,还需要让学生掌握相应的数学思想,引导学生掌握核心知识点,这对于提高学生的学习效率有着重要的促进作用。比如,在学习"轴对称"时,首先,教师需

要让学生理解轴对称的概念,借助多媒体进行展示,让学生对轴对称有清晰的认知和理解。其次,教师要引导学生熟练地掌握轴对称在数学知识学习过程中的应用,加深学生对轴对称的理解。最后,教师要让学生理解轴对称应用的最好方式就是加强对例题的分析和讲解。在讲解例题的过程中,教师可以给学生出一道题,题目中是一个轴对称图形,其中有一面给出了相应的已知条件,求解另外一部分图形的面积。这样一来,学生在分析和应用的过程中,不仅能够掌握轴对称图形的知识,同时也能够理解数学中的转化思想。转化思想是初中数学中重要的数学思想,对提高学生的解题效率有很大的帮助。再比如,在学习"平行四边形"时,教师在给学生分析例题的过程中,也需要积极地利用数学转化思想,让学生能够将未知的条件转化为已知的条件,加深学生对数学转化思想的理解,构建完整的数学知识体系,促进学生的数学核心素养和综合能力的提升。

(六)强化章节内容的逻辑关系,加深知识的理解和记忆

初中数学知识相比小学数学知识而言,难度大,涉猎的范围也要更加广泛,各单元之间的知识点联系得也更加紧密、复杂,学生在学习的过程中,需要清楚地掌握各知识点之间的逻辑关系,只有这样,才能构建一个完整的数学知识体系,提高学习效率和质量。比如,在学习"旋转"时,首先,教师要让学生对旋转有一个清晰的认知和理解,让学生进行操作,使其进一步加深对知识点的理解。其次,教师还需要联系"轴对称"图形的相关知识,在对比教学中进行学习,让学生能够对知识点进行联系。最后,教师还需要对经典的例题进行分析和讲解,并且给学生出一些有代表性的习题,让学生进行练习,进而清晰地掌握各知识点之间的逻辑关系,牢固掌握数学思想,提高学生的数学核心素养和综合能力。

(七)设计精彩且巧妙的学习问题

初中学生对外界事物有着较强的好奇心与求知欲望,教师应针对学生这一特点,设计精彩且巧妙的学习问题,引发学生思考。同时,教师应重视学生的各类学习问题,引导学生及时纠正错误,使学生能对这类数学问题进行思想重构,提高学生对数学基础知识的认知与理解。教师可以借助学生产生的各类学习问题,延伸处理单元主题教学模式,利用多元化的问题吸引学生的学习注意力,并解决学生产生的各种学习疑问,保障课堂教学的有效性以及连贯性。

(八)开展丰富的教学活动,做好衔接设计

初中学生对新鲜事物的探索欲望较强,教师在进行单元整体教学设计时应当针对学生的这一特点,开展丰富的教学活动,做好衔接设计工作。例如,在学习"基本平面图形"单元时,教师需要先整合这单元的重点和难点知识,结合学生的实际学习能力进行单元结构的优化,而后利用现代化信息技术教学辅助工具为学生展示生活中常见的几种几何图形,让学生观察并回答以下问题,例如:"几何图形的特点是什么?""如何分辨一个图形是不是几何图形?""生活中有类似直线、射线、线段的图形吗? 如何区分直线、射线、线段? 它们有什么特点? 又有怎样的区别与联系?"通过提问题调动学生的好奇心,激发学生的求知欲,使学生可以自觉地进行单元教材阅读以及深入探索和讨论,形成对这一单元的知识结构的初步了解。然后,教师可以利用信息技术手段设置闯关类游戏,鼓励学生参与到游戏活动中,通过完成一个个游戏活动任务的方式逐步攻克这一单元的重点与难点知识,并且在单元整体教学方法的指导下明确掌握单元知识之间的衔接性,呈现出优质的学习成果。

(九)明确单元整体教学目标

教学目标是初中数学课堂教学中的核心内容,它具有很强的导向和指引作用,可以帮助学生明确学习目标和方向,知道自己所要学习的知识内容,从而实现知识框架和思维体系的自主构建。在初中数学单元整体教学过程中,教师首先需要设置单元整体教学目标,即将每节课程的教学目标进行综合、整理、归类,明确各教学目标之间的关联性,有效提升学生的学习效率。比如,在讲授北师大版七年级上册一元一次方程时,教师可以根据认识一元一次方程、求解一元一次方程、应用一元一次方程的教学步骤设置相关的教学目标,并对这些教学目标进行整理与归纳,将同类性质的教学目标组合在一起,使单元整体教学目标简单化、明确化,并将这种单元学习目标展示出来,让学生明白该学什么,让其能够始终保持清晰的学习思路。

(十)以"三学"作为单元整体教学的方向

"三学"教学活动的设计内容是"学生为核心、合作学习、自主学习",即教师在初中数学课堂教学中要注重学生的主体地位,将课堂教的主动权交给学生,

引导学生自主探究数学知识,提高学生自主学习的意识和能力,学会自己设置单元整体教学目标、构建单元整体知识体系,结合自己的实际情况调整学习结构。并且,教师要根据学生的学习能力和个性特征合理调整教学策略,包括改进教学结构、优化教学方式、创新教学模式。比如,将数学思维能力的培养重点体现在单元整体教学目标中,将数形结合、思维导图、逆向推理等数学思想渗透在单元整体知识结构中,更有利于学生展开深度探究和学习活动,体现初中数学单元整体教学的合理性和科学性。

四、单元整体教学实践的课型聚焦

(一)起始课——研读教材章引言,理解教材意图

单元教学的重点是把起始课上好,起始课在单元教学的过程中发挥着重要的作用,不仅能够让一个单元的探究主题凸显出来,还能够让学生清楚学习的内容和要掌握的重点,同时让学生意识到学习这一单元知识的重要性,体会到其重要意义,进而全面地分析整个单元的内容,明确一个单元需要的探究路线,计划好接下来探究的目标。这样让学生不仅能够看到"树木",还能够看到"森林",提前知道该如何进行学习。

例如,在"全等三角形"这一单元,作者设计了一张和生活相关的图片,给学生创设一个生活化的情景,并提出了相关问题,引发学生思考。在"三角形"这一单元,作者设计了一个和三角形相关的章头图,这不仅能够让教材的新时代气息显现出来,还能让学生在这样的情境中展开学习,从而提升学生的学习能力和学科核心素养,推动初中数学教学的长足发展。

(二)分解课——教师引导上联下延,在知识结构体系中落实数学核心素养

分解课程的教学可以让初中数学教师的指导作用得以发挥,初中数学教师利用问题的串联,让学生自主地感悟到知识的上联下延,将数学知识形成一个完整的知识结构框架,不仅能够让学生深入地了解数学知识的内涵,还能够深化学生的记忆,增加知识储备量,提高学生的知识应用能力,从而提升学生的学科核心素养。

例如,在讲授"中心对称和中心对称图形"这部分知识时,在刚开始上课的时候,教师可以这样引导学生:借助投影仪呈现出几幅剪纸画,让学生进行观

察,使用数学的语言从多个视角来阐述剪纸画,在回顾旋转知识的同时为探究中心对称提供了很多素材;然后这样和学生说,探究一个几何图形时需要不断地探索它的实际情况和特殊情况,剪纸画旋转时会出现哪些特殊情况,从而引出来中心对称的知识,让学生能够从中感受到旋转与中心对称的关联性。在课堂要结束的时候,教师可以引导学生进行课后延伸。这样一来不仅能够让学生学会利用中心对称的知识绘制出中心对称的图形,同时还能够让学生意识到中心对称和平行四边形之间的联系,从而引导出接下来要学习的知识。

(三)小结课——明晰思想,把书读"透"

小结课的主要任务就是让学生能够明确一个单元的主要数学思想方法,把数学教材读"透"。教师可以设置相关的问题,引发学生思考,激发学生探究和交流的兴趣,从而让学生能够把书读"透"。

例如,在"分式"这一单元小结的时候,可以让学生回忆和思考:"这一个单元分式的计算方法是什么呢?是如何进行探究呢?是怎么样推导出来的呢?"先利用数学计算的方法来总结出规律,再利用公式来证实自己的假设。

第三节 单元整体教学的理念与设计

初中学生的思维构架较为简单且单一,难以支撑其学习更加深奥的数学知识。因此,教师应将单元整体教学融入初中数学课程当中,培养学生的学习能力,并将学习过程与学习目标相结合,切实地促进学生核心素养的发展。在初中数学教学过程中,教师若想设计优质的单元整体教学课堂,就应做好课前准备工作,充分了解学生、教材,同时制订全新的教学计划与方案,将知识进行迁移,帮助学生找到学习数学基础知识的有效规律,为学生营造良好的学习氛围与环境。单元整体教学与其他教学模式相比有着一定程度的差异性,单元整体教学采用的是整体教学法,将一个单元的知识进行整合与归纳,对其理念再进行有效的调整,来强化学生对数学基础知识的认知能力。同时,在这一过程中学生能更好地了解单元学习目标以及课程之间的关系,教师也能针对学生的学习情况做好教学规划,来落实并贯彻因材施教的教育理念。

一、对教材进行细致处理

在传统教学过程当中,部分教师的课堂环节设计十分精彩,能够将各个知识理论直观地展现在学生眼前,课件内容十分华丽,教师的讲述与表达也充满激情。但是,在细致研究下发现,这类教师只侧重讲述表层知识,难以将重点与难点知识进行结合,导致课程整体出现知识断层,前后基础知识难以有效联系起来。长此以往,学生的学习能力和兴趣将出现偏差,影响学生逻辑和创新思维的成长,不利于学生数学核心素养的提升。针对这一教学问题,初中数学教师可以选择单元整体教学模式,将一个单元作为教学整体,并引导学生对这一整体内容进行深入思考与分析,做好局部知识调整,便于学生学习。同时,教师可以在单元整体教学过程中对教材内容进行细致处理,以循序渐进的教学形式推进数学课堂发展,提高学生的数学核心素养。

例如,在"一元一次方程"这一单元当中,教师为提高学生的理解能力,并让其系统地理解、掌握一元一次方程的重难点知识,选择让学生独立探究的教学形式。教师利用课程"从算式到方程"的知识理论引导学生思考:"求解方程有哪些步骤?"在学生思考后出示答案,为学生后续的学习做好铺垫,在学生初步理解一元一次方程概念后引出实际问题,帮助学生感受生活,并突破教学难点。

二、做好单元总结

总结与归纳是课程教学中重要的组成部分,在单元整体教学过程中,教师应重视单元总结环节,帮助学生掌握更多的数学基础知识,并有效地提高学生的自主学习、归纳以及理解能力。众所周知,数学是一门综合性和实践性较强的学科,教师若不给学生自主整理与复习时间,将会影响学生对知识的理解,所以在单元教学中应引导学生学会主动梳理知识理论,体验学习数学基础知识的乐趣。在单元整体教学结束后,教师应以小组为单位,引导学生在小组中与他人交流自己的学习经验,通过有效的思维碰撞让学生养成良好的学习习惯。

例如,在"整式的加减"这一单元教学过程中,教师创设小组合作学习模式,引导学生分析单项式、多项式以及整式等概念,厘清它们之间的区别与联系。在学习"整式的加减"单元内容后,教师引导学生结合自己的课堂学习情况分析易错点,如部分学生对单项式的定义了解得不够清晰,难以将其与实际知识相联系,此时教师应抓住学生的问题加强课堂整体联系。

三、精心设计单元作业

初中学生的遗忘速度较快,教师若不采取有效措施进行巩固,将影响学生的学习效率与质量。因此,在单元整体教学过程中,教师应重视单元作业的层次性以及系统性,从学生的角度出发,布置科学且合理的单元作业内容。在这一教学过程中,教师应注意单元作业的难易程度,设计循序渐进、目标鲜明的作业内容,促进学生的综合素养不断发展。例如,在"相交线与平行线"这一单元教学过程中,教师需要培养学生的空间观念以及几何直观能力,在单元整体教学结束后布置单元作业,引导学生选择单元内某一重点与难点内容进行深入思考。

四、单元整体教学的优势

其一,单元整体教学对于学生当下的学习和未来成长非常重要,积极地进行单元整体教学模式的构建,将各个课程内的知识点串联,编织成一个完整的网状结构,可带给学生直观的感受,使学生可以更好地理解复杂的数学知识,使初中数学课堂教学的效率和质量能够得到有效提升。

其二,单元整体教学能对知识结构进行科学有效的梳理,教师以单元整体教学方法为基础向学生传授数学知识,可以有效地降低学生理解数学知识的难度,并让学生在教师的科学指导下更深层次地探索数学知识,这对于学生当下的学习以及未来的发展有着深远的意义。

其三,单元整体教学方法的出现,改变了以往的应试化教学情况,让学生获得了更多的自我表达机会以及主体化地位,通过改善教师和学生在课堂中所处位置的方式实现对学生主体地位的有效突出,并让教师的思想观念得到进一步优化,及时摒弃应试教育思想与理念,以包容的态度接纳新时期的新事物,在数学课堂中更好地应用单元整体教学方法带给学生优质的教育服务,让学生获得更多自由探索和发现的机会,最终取得最大化的进步。

第四章 初中数学单元整体教学实践的有效策略

一、借助知识迁移，重构单元整体结构

整合单元整体教学目标的目的是帮助学生清晰地理顺学习思路，明确自己的学习方向，优化自己的学习结构。学生可以从本单元的最后一节课程开始学习，掌握其中部分知识要点，再回顾第一节课程的知识内容，轻松掌握教学的重难点；也可以从中间的课程开始学习，逐渐向多种思维方向延伸，从而巩固单元整体的知识要点。无论是哪种学习结构，学生需要具备一定的知识迁移能力，即将新、旧知识紧密地联系在一起，构建出完整的知识框架，利用旧知识学习新的数学知识内容，培养解决各种数学难题的能力。第一，教师需要将本质相同的知识点连接为整体性的知识结构，通过思维导图的方式将知识体系呈现出来。第二，教师根据所设置的单元整体教学目标引导学生结合自己的实际情况调整学习结构，在现有的知识体系下进行优化和改进，实现知识的有效迁移，提高学生对知识的运用能力。

二、学情分析上，重生本化和个体化

在单元整体教学的过程中，教师要对学生的学习能力、特点、喜好以及学习综合素养水平进行分析和了解，根据学生的综合情况为学生制订合理的单元整体教学计划，使学生在学习的过程中能够更高效地掌握知识内容，进而提高学生的综合素养水平。教师要对学生的学情进行分析，在此基础上注重生本化以及个体化教学，促使学生能够迅速掌握知识重点和难点，提升学生学习能力和课堂教学的有效性。比如，在"平行线及其判定"一课中，整体单元的数学知识教学主要以平行的概念为核心，在课堂教学中，教师要以学生的特点和优势为主开展单元整体教学。部分学生通过实例观察能够掌握知识内容，教师就要以生活中存在平行线的物体或者平移后的物体为实例进行教学，引导学生观察，

这样学生能够对知识有深入的理解和思考，且能够灵活掌握。部分学生的理解能力差，教师就要在引导学生观察实际物体的同时，对数学概念进行讲解，提高学生的学习技巧和能力，学生能够更灵活地掌握知识，课堂教学质量也能够得到提升。

三、教材处理上，重通盘性和整体性

在教材选择的过程中，教师要注重通盘性和整体性，引导学生能够在学习中注重整体，进而培养学生的整体性思维，让学生在学习的过程中也能够从多角度对数学知识进行思考。同时，教师要鼓励学生大胆创新和探索，引导学生对知识有更为深入的探索和掌握，提升课堂教学有效性。另外，教师要注重整体结构性教学，让学生在学习的过程中能够综合学习知识，提高学生的综合性学习能力。

例如，在讲授"轴对称"一课时，教师要以整体单元的对称知识为内容开展教学，对教材进行处理之后，引导学生对知识进行思考和探索，使学生更积极地学习。教师也可以利用展示实际对称物体以及绘画轴对称图形的形式开展教学，并让学生成为课堂学习主体，鼓励学生在学习中要敢于思考和提问，激发学生的思考和创新意识，使学生在学习的过程中能够整体思考知识内容，培养学生的整体思维能力，提高学生的数学核心素养，提升课堂教学质量。

四、模块聚焦上，重纵向性和横向性

传统数学课堂教学中，教师以知识结果为主，向学生硬性灌输知识内容，学生死记硬背数学知识，在学习中感受不到乐趣，同时，学生的思维灵活性也得不到培养和提升。对此，在单元整体教学中，教师要注重纵向性和横向性教学，能够让学生从多种角度对知识进行学习和探索，提高学生的学习能力，提升其数学逻辑性思维和课堂教学质量。教师让学生以小组合作的形式对知识进行探索，有助于扩展学生思维，让学生能够更高效地掌握知识。

例如，在讲授"几何图形初步"一课时，教师可以将几何图像相关的知识核心内容进行模块聚焦，然后引导学生对知识进行思考和探索，以小组合作的形式对几何图形进行纵向以及横向思考。在小组交流的过程中，学生的思维能够得到互相分享和交融，学生思考知识的不同角度也能够得到分享，使学生对知识的掌握更为深刻，学生的思维也更为灵活，提升课堂教学有效性。

五、教学实施上,重多样化和综合性

传统课堂教学中,教师的教学方法过于单一,学生在学习的过程中感受不到学习的乐趣,学生对知识的学习兴趣也无法被激发,学生的自主学习能力得不到提高,同时,也无法培养学生的自主学习习惯。对此,在单元整体教学的过程中,教师要注重创设多样化和综合性的教学方法,确保以多元化的教学形式激发学生的学习兴趣,让学生在学习中始终保持新鲜感和自主性,培养学生养成良好的自主学习习惯,提高学生的学习和独立思考能力。

例如,在讲授"数据的分析"一课时,教师可以以不同学生感兴趣的事例作为数据分析的教学主题,通过举例,确定学生感兴趣的主题内容,让学生自主对数据进行收集、整理以及分析,让学生更能够感受到学习的乐趣,从而使学生更主动地进行思考与探索。在数据收集的过程中能够培养学生的学习和独立思考能力,在分析的过程中能够提高学生思维的灵活性,学生对数据分析的知识内容也能有更为深刻的记忆,学生对知识的掌握更为灵活,课堂教学的有效性也自然而然会得以提升。

(一)立足核心素养,科学划分单元结构

为了更好地落实大单元整合教学策略,教师需要对单元知识点进行拆分和重组,加强知识点之间的联系,集中教学精力,引导和帮助学生更好地攻克教学过程中的重点和难点。教师在整合单元知识的过程中,要科学合理地制订教学计划,结合初中生的认知特点和学习规律,保证初中数学大单元整体的教学效率。另外,教师在使用大单元整合教学策略的过程中,还需要结合不同层次学生的学习能力,制定不同的教学策略,保证课堂教学的效率和质量。

(二)全面分析学情,把握单元结构要点

在开展大单元整合教学过程中,教师除了对教学单元进行合理划分之外,还需要秉承正确的教学理念,坚持"以生为本"的思想,充分考虑初中生的接受能力、兴趣爱好,制订科学合理的教学计划,让学生在脑海中构建完整的数学知识体系,拓展学生的数学思维,建立正确的思维模式,以此提高学生的数学应用能力。例如,在讲授"平行四边形"一课时,教师可以采用思维导图的教学方法,以关键性的知识点为核心,和学生一起绘制思维导图,进而让学生对单元知识

有清晰的理解。另外,在学生理解的基础上,教师要引导学生对数学知识点进行应用,教授学生应用知识的方法和技巧,让学生在实际应用过程中掌握核心知识点,提高学生的数学应用能力。

(三)优化整合过程,提高单元整合效果

教师在开展大单元整合教学过程中,除了采用常规的讲授方式之外,还可以采用互联网信息技术、翻转课堂、情境教学等方式。为了让学生参与到教学活动中,教师还可以采用小组合作的学习方法,引导学生主动进行思考,提高学生的自主学习意识和能力。以二次函数性质教学为例,在传统的数学教学中,教师一般会对二次函数的定义和相关概念进行讲解,然后让学生通过动手画图的方式进一步探究二次函数的性质,让学生的学习更加具象化,从而加深对二次函数性质的理解。但这种手工作图的方法存在很多弊端,比如,需要在课堂上耗费大量的时间,同时做出来的图像也可能因为各种主客观原因存在误差,而影响学生正确的判断,并且学生画的图像是静态的、孤立的,无法在这个过程中更深入地体会二次函数各项系数对图像的影响,而利用 GeoGebra(以下简称为 ggb),学生直接输入函数关系式就可以得到相应的图像,从而大大节约了作图的时间,并提高了图像的正确性。

例如,在讲授"一次函数"时,教师就可以采用信息技术教学方法,通过多媒体演示的方式,让学生对函数的概念和公式有清晰的理解,并且针对函数的应用方式进行训练,来提高学生的应用能力,保证大单元整合教学的效率和质量,提高学生的数学核心素养。

六、对教材进行整体性的把握,建立知识网络

(一)梳理教材内容,整理知识点

随着新课改的推进,教师要不断地积累相应的数学资源,促进学生学习能力的提升。数学知识之间具有一定的联系性,所以,学生需要掌握整体性的知识,只有这样才能够为以后的学习打下坚实的基础。教师在引导学生复习知识的时候,要准确地把握复习的内容,了解复习内容在体系中的位置,从而促进学生将教学的内容融到体系中,使学生可以充分地掌握知识。除了基础的单元知识外,教师也要帮助学生进行思维扩展,使学生可以构建科学的知识结构,进而

满足学生的学习需求,使学生可以顺利地解决数学问题。

例如,在展开复习的时候,为了能够让学生整体地把握单元知识,教师在开展复习前可以让学生自行复习,写出相应的知识点,根据自己的判断写出自己认为的重点和难点,然后与他人进行自由讨论。在讨论的过程中,学生的思维得以扩展,学生的学习兴趣得以激发,通过让学生分享自己的学习经验和问题,促进其学习质量的提升。最后,教师要带领学生开展单元整体复习,根据学生的情况梳理单元要点,帮助学生掌握所有的内容。通过这样的教学方式,可以让学生突破重点与难点,从而提升学生的综合能力。

(二)设计合理的情境,有效地开展复习

为了能够让学生进入良好的状态,在教学的过程中,教师可以为学生设计合理的情境,将知识插入教学过程,从而让学生身临其境地学习和总结知识。在传统的教学中,教师往往过于注重分数,忽视了培养学生的运用能力,使得学生的综合能力无法得到提升。但是通过情境教学,可以提升学生的主体性,促进教学的针对性,使得学生可以真正地掌握教学的重点与难点。比如,"行程问题中的'一次模型'",给老师提供了整合教学的思路。

第一环节,明确图像,发散背景。根据图像中的信息,设计一段情景,用文字描述故事背景。让学生体会到同一个图像可以赋予不同的实际背景,感受图像作为直观模型的价值。

第二环节,明确背景,再造图像。根据刚才编写的情景(相向),如果纵轴表示甲、乙两车离 A 地的距离 z(千米),你能画出相应的函数图像吗?

借助变式教学,引导学生要关注横、纵坐标分别代表的实际意义,体会函数和方程的关系,深入理解在图像中,整个图像表示函数,图像上的点可以转化成方程,而图像的一部分可以用不等关系来刻画。

第三环节,明确题干,发散问题。根据这个图像和你创设的问题背景,你分别可以提出哪些问题? 比如:(1)甲、乙两车的速度;(2)函数关系式;(3)甲乙两车何时相遇(交点);(4)甲乙两车何时相距 50 千米(相距问题);(5)何时甲车距 A 地更近(不等关系)……通过学生自主提问,让学生体会利用函数图像可以解决的几大问题,初步感受函数、方程、不等式这三个一次模型在这一问题中的应用。

七、准确掌握复习的重点和难点,做到针对性复习

(一)加强针对性

在复习教学中,教师要将复习的重点和难点内容一一列举出来,根据学生的学习情况进行分级,通过分层教学的方式引导学生,从而增强教学的针对性。教师在教学的过程中可以先让学生分享一下自己的学习经验,然后说一说自己认为的重点和难点,这样可以了解学生的学习状况,进而促进学生高效地学习知识。教师可以针对学生的知识薄弱点进行反复教学,并且进行小测试,让学生夯实复习的内容,这样既可以提升复习的效果,也可以让学生反复多次地进行练习,从而真正掌握知识点。

(二)突出复习的重点

复习对于学生来说没有什么趣味性,在复习期间教师经常会看到学生"精神溜号"的现象,并且学生会因为过度的重复性复习产生抵触学习的心理。因此,教师可以将教学的重点和难点单独提出来,让学生可以重点复习,这样既可以减少复习的知识数量,也可以尽快掌握知识,从而可以提升学生的学习质量与效率。

八、注重知识迁移,合理设计单元

构建系统性的知识结构和思维体系是初中数学单元整体教学策略重要的体现形式,这种教学方式强调的是将本单元的知识内容和教学的重难点进行有效整合、归纳、分类,通过思维导图的形式展现出整体知识框架的合理性、逻辑性、严谨性、直观性、具体性,使学生的抽象逻辑思维转变得更为具象化,轻松掌握和巩固教材中的基础数学知识,深度理解数学本质问题。在构建系统性的知识框架时,教师要注重将新旧知识紧密地联系在一起,引导学生学会运用旧知识对新知识开展课前预习、学习研究、复习巩固等一系列学习活动,使学生较为清晰地明确各数学知识之间的关联性,有效提高学生知识迁移的能力。同时,教师还要注重引导学生结合自己的学习方式、学习需求、学习能力等,合理调整学习结构来自主构建完整的知识系统,让数学知识的规律性更加符合自己的认知特点,从而提升课堂学习效率和质量。例如,在讲授北师大版七年级上册"全

等三角形的判定"一课时,这节课的教学目标要求学生掌握"边边边"条件的内容,应用"边边边"条件判定两个三角形全等,运用分类思想探索三角形全等的条件。在授课过程中,教师发现有些学生虽然已经掌握了有关全等三角形的知识内容,但是没有将旧知识与新知识紧密联系起来,导致学生对三角形全等的判定理解得比较抽象。所以,教师要通过单元整体教学的方式将"全等三角形""角的平分线的性质"课程知识与本节课的知识相融合,构建一个完整的知识框架,以各个教学目标作为主标题,在每个主标题下分支成不同的数学概念、公式等知识要点,在分支成多种三角形全等的判定过程中,明确思维导图中各标题之间的隶属关系以及各知识点之间的对应关系。同时,教师要引导学生结合自己的实际情况调整学习结构,自主构建较为全面的知识系统。比如,学生在设计知识框架的时候,以"角的平分线的性质"到"全等三角形"再到"全等三角形的判定"为学习结构进行知识体系的构建,利用已掌握的角平分线的性质与判定、全等三角形的性质等知识去探索判定三角形全等的条件,在这种知识系统中进行画图、比较、验证等系列学习活动,有利于学生思维能力的提升。

九、注重思想转化,深化单元理解

转化思想是一种非常重要的数学思想,对于初中数学单元整体教学来说具有重要的作用和意义。转化思想的渗透,使学生对所构建的系统性知识体系理解得更加清晰明确,有效提高了学生的观察能力、联系能力、理解能力和创新能力,为培养学生良好的数学核心素养奠定了坚实的基础。转化思想不仅可以应用在解决数学问题的过程中,也可以应用在学习数学知识的过程中,包括理解比较抽象的数学概念、较为复杂的数量关系、公式推导的过程等内容,实现了复杂问题向简单问题转化、未知向已知转化、命题之间的转化、空间向平面转化、新知识向旧知识转化、数与形转化、抽象向具体转化,有助于学生高效学好单元整体的数学知识,特别是对提升学生的知识迁移能力有很大的帮助,促进学生思维的创新与拓展。一是优化设计,多样教学。在数学单元整体教学过程中,教师要通过优化课程设计打破学生固有的思维模式,选择一些与生活实际相关的教学主题强化学生对知识的理解和认知,将数学问题与生活实际紧密联系在一起,促进学生多维思维的发展。二是重视训练,点拨思路。除了讲解外,在数学学习的过程中,教师需要让学生们充分实践,在转化思想的基础上为学生渗透数形结合、类比分析、逆向推理等重要的数学思想,多设计一些趣味性、综合性较强的练习,重点要考查学生对单元整体知识的掌握情况,让学生多去动手画一画、多与他人交流和探讨、多开展数学实验活动,不断去尝试和探索,将转化思想有效运用在实践中。

十、注重章节联系,完善单元整体教学

在初中数学单元整体教学中,教师除了要注重对本单元数学知识要点进行有效整合与归纳,充分体现出各数学知识之间的关联性外,还要能够准确把握数学教材不同章节间的联系,使学生进一步掌握数学知识的内在联系。同时,也可以激发学生对数学的学习兴趣,深刻体会到数学的魅力所在,为学生的数学意识和思维的形成打下了坚实的基础。例如,在北师大版九年级数学教材中,"二次函数"的单元课程与"平移"的单元课程具有一定的联系性,教师可以通过制作思维导图带领学生了解二次函数和旋转的相关知识,帮助学生提高课堂学习效率。

(一)单元整体教学设计不仅要结合书本,还要结合实际

初中数学教师,一定要正确认识学科的地位,改变传统的观念,以单元整体教学为主要的方法,积极地加强数学知识点之间的联系,引导学生进行应用训练。在初中数学教学过程中,教师还需要积极地向学生渗透数学思想,数学思想并不是教材中的内容,而是在学习过程中总结出来的。主要的目标就是提高学生的解题效率和正确率以及提高学生的数学核心素养和综合能力。

(二)教学设计要具有趣味性和多样性

传统的初中数学课堂教学中,教师主要采用"粉笔+黑板"的教学模式,教师在台上书写板书,学生在下面做笔记。这种教学方法在我国使用了数十年,对于应试教育有着显著的效果,但是,随着教育的不断发展,学生的学习途径也越来越丰富,传统的"粉笔+黑板"教学模式已经不适应学生的学习需要,对于提高学生的数学思维也毫无意义。鉴于此,教师需要对传统的教学方法进行改进和创新,不但要丰富教学内容,同时还需要将趣味性和多样性融入课堂教学中,只有这样,才能保证初中数学课堂教学的有效性。

(三)课堂设计中要注意例题的选择

为了让学生更好地掌握教材上的知识,初中数学教材整理了很多的示范例题,学生需要将这些例题使用的解题方法和数学思想做到熟练应用,并且将这些例题进行整理和归类。这样一来,学生在练习的过程中,再遇到类似的题型,就能够迅速地找出题目中的核心素养,并且确定最佳的解题思路,提高解题效率和质量。在初中单元整体教学过程中,教师在给学生分析题目时,需要选择一些经典的习题,保证习题具有代表性和多样性,让学生在遇到类似的题目时不至于手足无措。

(四)关注学情,改善单元整体教学设计

在初中数学教学过程中采用单元整体教学模式,不仅需要教师改变传统的教学思想和教学理念,对教学内容进行重新组合排列,也需要学生及时地调整学习的状态,积极地参与到课堂教学中,与教师进行积极的互动交流,配合教师完成教学内容,及时巩固数学知识。在单元整体教学过程中,教师要贯彻新教改的思想,以学生为教学主体,提高学生的自主学习能力,进而提高学生的数学成绩,树立学生的自信心,让学生积极地参与到学习中,保证课堂教学效率。

第五章 初中数学单元整体教学设计的策略

设计单元整体教学策略需要从三个教学角度来进行规划：第一，要在横向结构设计上找到关联性内容，通过数学知识之间的连贯性关系来设计单元整体教学，帮助学生充分掌握数学知识和技能，全面培养学生的数学综合能力和素养。第二，要找出关联性知识点，从知识的产生发展到整个过程，要把控好前后关联性，能够让学生了解数学知识的来龙去脉，促进学生整体的感知能力。接着，要适度地延伸和拓展所学的数学知识，来提高学生的数学学科核心素养。第三，应以学生为出发点来考虑初中数学单元整体教学的具体应用。

第一节 横向结构关联，构建合理教学序列

一、单元架构作导引：整体概览，明晰数学的知识脉络

初中数学单元整体教学最为突出的特点就是整体性，要使各个部分的知识在关联性方面体现其整体特点，要在整体的框架下搭建章节所有知识点。落实这种整体性的单元整体教学策略不能仅从内容方面整体化构建数学知识脉络，还需要采用概览图的形式，对整个章节的数学知识进行整体性的规划，让学生产生整体性的初步感知力。在之前的教学中采用思维导图形式，就是为了使初中学生在学习单元类数学知识时，能够对整个章节的数学内容、课时的安排有一定的了解，对前后知识之间的关联性构建出整体的认知。由此可见，教师在设计单元整体教学内容前期，必须提前深入全面地研究和分析整个单元的知识点，快速准确地找出彼此之间的关联性，从而更好地把控数学知识的整体结构，更加方便对全体学生采取具有针对性的数学学习指导。在前期绘制初中单元整体教学设计内容时，教师提议学生必须在预习的基础上，对整个章节的数学知识初步地进行领会感知，理解其中的关联性，再尝试进行绘制和表述。

初中数学教师在策划单元整体教学前期一定要体现出初中新课程标准中的重要指示,以新课程标准中的要求来审视和设计单元整体教学内容,同时还要充分理解编写数学教材的真正意图,应注重"探索"的分量,重点应做到以下几点教学工作要求。首先,教师应深入发掘数学的本质,即数学教材中所提到数学概念、数学法则、数学原理,等等。多数情况下数学教材所提到的释义内容都只是简单的"表象",这就需要数学教师必须以"高站位"把控数学教材中对应知识的本源,借此契机策划出具有深度、充满内涵的数学单元整体教学设计。其次,教师应全面深入地了解整个单元整体教学的内容以及整个单元设计内容彼此之间的关联性,还要对教学单元采取纵向的知识梳理,整理好前面所有单元的学习内容,做好与此单元数学教学内容相关的铺垫工作,并且教师应当从整体的角度来分析和解读此章节的数学知识点,准确地把控单元整体教学内容中的重点和难点知识以及学生在数学方面需要发展的点。最后,教师应当在自身所采用的数学教材的基础上,严谨适当地调整数学教学内容的深度和广度。同时,教师还应当科学合理地划分单元整体各个部分数学知识点的教学内容和不同的数学教学模块,先明确各个分模块的主要教学目标,再去制定这个单元整体教学的具体策划方案,要使所设计的单元整体教学目标能帮助学生掌握数学基础知识和提高数学知识的应用技能,从而更好地保障初中单元整体教学得以高效化推进。

以设计"平行四边形"单元整体教学为例,教师在实际设计单元整体教学初期,根据分析和研究构成平行四边形各个部分的知识内容,提出建构这个单元整体教学的主要依据和设想,详细分析和归纳不同模块之间的组成部分,并提出对应的单元整体教学目标,其主要涵盖了学生必须掌握的数学基础知识,培养学生数学学科核心素养的内容,以及此章中的数学知识点与其他学科之间的关联性。教师需要在课程设计模块教学环节中全面分解此单元所有关于平行四边形的知识点,比如,平行四边形和特殊平行四边形的定义、性质和判定定理。同时,教师还要从整体的角度来把控平行四边形各个图形之间的关系,借此契机转换成数学理论知识。另外,教师需要按照学生初中时期对四边形定义和性质的了解情况,让学生找出四边形各个边、各个角、各个对角线中的关联性,建立初步的知识框架,所设计的教学目标体现知识与能力、过程与方法、情感态度等方面。在知识与能力方面,需要让学生全面掌握平行四边形、菱形、矩形、正方形的定义、性质、判定以及是否存在对称性特征。在过程与方法方面,需要充分体现出学生的观察能力、动手能力以及逻辑思维能力。在情感态度方面，需要注重培养学生独立思考、分析的数学学习习惯，理解平行四边形和特殊平行四边形在实际生活中的应用价值。

在前期进行单元整体教学设计时，教师还应当让学生参与进来，共同绘制平行四边形整个章节的概览图，这样可以使教师检查和分析学生所设计的章节概览图，让此单元整体教学内容设计框架更加完善。同时，教师还要依照其他数学教材来构建和规划所使用数学教材中的单元整体教学内容。比如，其他版本初中数学教材中有关于平行四边形这个章节的知识涉及三角形的中位线、多边形的内角和外角，教师可以在构建单元整体教学框架期间，将其纳入到各个模块设计方案中。单元整体教学设计应该体现出平行四边形、菱形、矩形、正方形彼此之间的演变规律和证明过程期间所具有的共性规律，要让学生自主地构建对应的数学知识结构，把平行四边形及其特殊平行四边形的规律分析教学方法统一到单元整体知识结构中。同时，还要将创设生活类相关几何图形的建模训练教学环节也融入其中，这样可以使创设的单元整体教学方案更具有深度和广度，也让学生对所学的单元整体性学习内容有更加全面的认识，使其在实际学习过程中更加注重数学知识的层层递进关系，能够帮助学生深刻理解各部分数学知识点之间的联系，从而使前期所构思的关于平行四边形的单元整体教学设计更加完整。

二、迁移学习找共性：强化方法，实现数学的迁移学习

在所开展的初中单元整体教学中还需要有效地缩短课时，学生需要在实际参与单元学习期间深刻地理解知识之间的共性。所以教师在整体设计时应更加注重过程的灵活性，应避免所编排课时中的数学知识过于零碎，使记忆知识时出现过于混乱、机械化套用等现象。同时，在践行分模块单元整体教学期间，还需要让学生明显地感受到单元知识的系统性、迁移性特点，能够在单元知识之间进行有效的转化、迁移、过渡，因此教师要在单元整体教学期间梳理出一条主线，再将其划分成各个分线，实现从整体逐步过渡到局部的整体性学习历程。另外，应避免采取题海战术，应把培养学生整体数学素养当成主要教学目标，还要让单元整体课堂教学实现从知识教学向能力教学的迁移转变，应重点培养学生的多样化数学思维和抽象能力。数学知识本身就具有一定的关联性，比如，正方形性质及判定方法就可以借助矩形和菱形的性质和判定定理来呈现知识

迁移。通过前面的学习，学生知道正方形既是矩形，也是菱形。因此，要判定一个四边形是正方形，只要判定它既是矩形又是菱形即可。教师可提出问题：矩形满足什么条件是正方形？菱形满足什么条件是正方形？引导学生从边、角、对角线的角度来思考满足的条件。比如，矩形的对角线相等，而菱形的对角线互相垂直，由此可以得到对角线互相垂直的矩形则是正方形。通过迁移的教学方式让学生找出所学数学知识之间的共性，采用多种数学教学方式，可以更好地帮助学生整体跟上教师的教学进度，还可以使学生积累丰富的数学知识，充分锻炼学生的数学思维和动手操作能力，使学生逐渐增强数学意识，进而更加有利于提高学生整体的数学学科核心素养。

在设计单元整体教学方案时，教师必须科学地利用知识迁移所起到的作用，来最大限度地呈现出迁移的效用，这样可以使单元整体教学更加有规律地进行。在开展北师大版八年级下册"平行四边形"这个章节的单元整体教学时，教师就可以利用之前所学的七年级下册"三角形"中的"认识三角形"和"全等三角形"整个章节的数学知识，借助迁移性的教学方式推导平行四边形的性质。教师利用图形的各个边、各个角以及内部特殊性的线段，比如，角平分线、高线、中线、对角线等来让学生研究和分析其中的数量关系和位置情况，更好地打开图形对称性的研究渠道。接着再让学生对其进行猜想，采取多种证明方式，证明平行四边形的对角相等和对角线互相平分。教师再按照这一单元整体教学思路，让学生自主探究矩形、菱形以及正方形的性质，可以更好地锻炼学生发现问题、分析问题和解决问题的能力。

三、对比教学找不同：找准关联，凸显概念的本质学习

在开展传统数学教学时，多数教师很少灵活地将数学知识以多种方式呈现，过多依赖数学教材或者教辅工具，容易阻碍学生数学思维方面的发展，同时也严重地封闭了学生整体的知识视野，难以真正地帮助学生构建知识内在的联系和框架，尽管所使用的数学教材各个章节所设置的教学目标截然不同，但是所涉及的数学知识在逻辑结构方面有着很大的关联性。比如，三角形、全等三角形、勾股定理、锐角三角函数等章节，尽管初中数学教材中各个章节的数学知识内容具有很大的差别，但是可以将其有机地进行整合，采取对比性教学措施，让学生全面了解其本质关系，也能够清晰地了解彼此之间的本质性区别和关联处的重难点。比如，三角形、全等三角形具有的性质就有很多关联性特征，通常

称之为包含与被包含的关系。纵观所使用的初中数学教材,所编排的内容和教学目标设计普遍比较相似。比如,正在使用的北师大版数学教材关于"基本平面图形"的各个小节就涉及了"直线、射线、线段""角""多边形和圆的初步认识"等单元学习内容,有时中考考试还会涉及多方面类似的数学知识,需要学生进行解答和分析。如果在为学生提供的单元整体教学内容中很少进行相关数学知识的补充和延伸,是很难让学生掌握更多数学学习方法的;当教师所采取的数学教学方式过于单一,也很难使学生对所学数学几何知识产生强烈的探究兴趣和学习主观能动性。所以在设计初中单元整体教学时,教师还需要按照整体性或者结构性的数学教育思想,在实际处理和使用数学教材期间,多去通过各种途径寻找相关的数学几何知识、教学方法以及数学思想,找出其中的连接点,统筹整合有关的数学几何教学资源,帮助学生构建具有整体性的数学知识体系。

教师还应当在做课时安排时把这些新的数学学习资源采取科学合理的方法进行整合,避免出现单元整体教学内容重复过多的现象。在实际进行初中单元整体教学时,教师还需要强化学生的学习方法和总结知识之间的共性,适当地弱化所讲解的数学知识和课时的安排,使设计的单元之间产生横向式的关联性,更为科学合理地构建出正确的数学教学序列。为了高效实现数学教材再改造再加工的单元整体教学目标,教师应深度分析不同版本的数学教材,这样可以为学生提供更加合适的教学资源。同时,教师在实践教学期间通过创设情景教学活动或者设置对应的数学教学任务,帮助学生深入了解所学数学知识之间的本质联系,按照数学知识的逻辑结构夯实学生的数学基础,还可以用对比教学方式指导学生通过观察现象找出数学知识的本质,从而使学生从整体的角度更加全面地构建数学知识体系。另外,教师应当注重单元整体教学的设计,要从课型和教学方法方面突破教学模式雷同的特征,以避免所渗透的数学几何知识在思维培养方面过于单一,要让学生自主地汇报各部分数学知识点之间的区别和联系,教师也可以借机用学生所整理出来的整体性学习成果来调整和优化单元整体教学,这样也可以多方面地锻炼学生的数学综合能力。比如,"平行四边形"数学课程,主要涉及平行四边形的概念、菱形的概念、矩形的概念、正方形的概念等数学知识,为了更好地让学生深刻地记住这些不同几何图形的概念,准确地找出他们之间区别与联系,教师可以采用几何画板教学技术,动态地演示平行四边形和特殊四边形的转换形式,让学生仔细地观察不同平行四边形和特殊四边形各个边、各个角、各个对角线的具体变化情况。教师可以通过创设科学合理的教学情境,让学生把不同纸张按照教师所提出的要求用几何工具进行剪裁、折叠和拼接,并用表格的形式把平行四边形、菱形、矩形、正方形的数学概念进行文字型的总结和归纳,最大限度地还原对应数学概念的本质,更加全面地分析和归纳出平行四边形、菱形、矩形和正方形的概念知识点,接着让学生再结合教材中的标准理论概念加以比较,使学生更加深刻地理解数学概念的重要意义。

四、多重目标互渗透:多向关联,实现知识的整体渗透

教师在设计单元整体教学课程时,必须要有目标、有计划、有秩序地进行规划和课程的安排,应采用先进的数学教育理念对章节的数学知识要素进行科学性的分析,细致合理地编排数学教学流程。教师应从课程标准、学情的分析、教材的分析中找出对应的多元化教学目标,深度剖析单元内部各个知识点之间的内在联系,还要清楚讲解的章节知识所提到的数学事件、数学思想以及所蕴含的数学学科核心素养,必须使开展的单元整体教学体现出数学知识所具有的价值。在结合初中新课程标准进行多种教学目标的设计时,教师应利用义务教育阶段、初中各个学段相关的知识,来确立具体的实施建议和数学学科核心素养培养要求。同时,还要按照学生整体的知识结构、实际学习能力、思维特点、学习动机、学生感性和理性特征,确立单元整体教学多重目标,应能最大化地提高学生数学综合能力。教师应当用整体性的眼光揣摩编写数学教材内容的真实意图,为学生构建最适合其学习的数学教育逻辑结构体系,为其提供合适的多元化教学目标。教师在用初中数学几何类知识开展单元整体教学时,必须把数学技能的训练、数学模型的构建当作主要的教学目标,并且还要使学生在完成多种学习目标之后产生新的数学思想和数学观念。由于需要针对某一章节数学几何知识设计多重单元整体教学目标,体现出初中数学教育的最终归宿,并且设计的单元整体教学目标要有一定的控制功能、测度功能、导向功能、激励功能等众多教育功能,所以教师必须从多种角度来细化单元整体教学目标,充分体现出多重单元整体教学的统领性特点,避免使设计的单元整体教学内容脱离对应的单元教学目标,同时还要使多重单元设计目标尽可能具体化,使其具有操作性强的特点。教师还应当注意在设计多重单元整体教学目标时,按照具体的大纲筛选出数学知识的主线,并围绕数学知识的逻辑把设计出来的多重单元整体教学目标分解落实到各个课时中。最后,要使设计的单元整体教学目标具

有针对性、可测验性的特点，教师需要针对不同学生来设计单元整体教学目标，并且还要把培养学生核心素养的教学目标纳入其中，同时要考量教学完成之后学生整体能否完成预期所设定的数学学习标准。教师在课程结束之后一定要做好教学总结和教学反思工作，这对以后改建和完善设计多重单元整体教学目标具有明显的帮助。同时，在设计多重单元整体教学目标时，必须注重对学生自学能力的培养，这对以后培养学生多样化思维能力具有积极有效的作用。另外，还需要使设计的单元整体教学目标具有一定的人文价值和科学价值，充分地体现出学生将理论数学知识应用到生活实际的能力，这样才能促使学生成为数学学科核心素养高的优秀人才。

初中数学教材中关于几何图形的多重目标存在关联性，比如，北师大版九年级下册教材关于"圆"的章节知识中，圆的概念、圆的对称性、圆周角定理、弧长、扇形面积等，它们之间存在难以分割的关系，所以在设计单元整体教学时，教师需要能够对单元整体教学拥有整体性的认知，为该单元整体教学设计内容提供清晰的课时教学目标，使其产生最佳的数学教学作用。在实践过程当中，教师也要按照教学目标的达成度和课程进度情况来进行展开，有意识地加强彼此之间的渗透。所设计的教学目标应具有多重性，但并不代表每一个所设置的教学目标都能全面高效落实，同时也要注重各个课时教学目标的主次关系，也就是说哪些数学知识在课堂上是需要学生必须掌握的，哪些教学目标只是简单的辅助作用，教师应当注意到后期开展单元整体教学时能否继续跟进？比如，在开展初中关于"圆"的单元整体教学时，主要涉及了很多与圆有关的概念，包括圆的弧、圆的弦、圆心角、圆周角、点、直线、圆与圆的位置关系，弧长和扇形的面积，正多边形和圆相关的数学知识点，教师可以适当地把这些当作多种教学目标进行互相渗透，将垂径定理、切线长定理当作单元整体教学次要目标中的一种，教师通过拓展关于圆的教学目标，可以使学生深刻地理解并掌握关于圆的数学知识之间的关联性，还可以按照教师所搭建的单元整体教学各个模块，更好地构建出完善的整个单元知识结构内在体系。比如，在设计关于"圆"的多重单元整体教学目标时，教师必须明确编排课时情况和各个小节单元教学的对应框架，再去科学合理地编排各个课时的多重教学目标。

在实际设计多重教学目标时，教师可以从知识技能、数学思考、问题解决、情感态度方面进行多重教学目标的设计和策划，还可以借助其他版本的数学教材内容整合构建出新的单元教学目标。比如，设计"圆"的有关性质教学目标时，可以从圆的轴对称特征、圆内部直径和半径之间的关系方面进行设计，把圆的周长和面积当作这个教学模块和课时的多重教学目标，需要让学生以想象、验证、观察、动手操作、合作探讨的形式来认识圆的具体特征，还要让学生掌握深入理解事物本质的数学学习能力。其主要发挥了把以往所学知识与新知识重新组合的作用，学生通过动作操作画圆，可以帮助其熟练地掌握圆的具体性质。在设计关于"点、直线与圆的位置关系"的教学目标时，教师还需要将圆与圆的位置关系、切线长的定理当作此教学模块的新教学目标，同时还要让学生完成过点画圆的实践操作学习目标，能够熟练掌握过不同直线三点画圆的正确方法，达到灵活运用反证法证明对应命题的学习目标，将垂径定理和圆周角与圆心角的关系当作次要教学目标。学生通过自主搜索垂径定理的具体证明过程，用垂径定理解决相关的计算和证明类问题，可以在情感态度与价值观的教学目标方面具备更加严谨的科学态度和数学精神，使数学知识与实际生活联系得更加紧密，也能够帮助学生养成良好的主动探索数学问题的习惯。在设计关于"正多边形和圆"的单元教学目标时，教师可以结合其他版本数学教材中关于"圆内接正多边形"的部分来重新整合多重教学目标，可以将多边形的中心角、边心距，运用正多边形解决与圆相关的数学计算，如何画圆内接正多边形当成单元整体教学模块中的教学目标。在设计"弧长和扇形面积"单元整体教学目标时，除了必须让学生完成弧长和扇形面积公式推导的学习任务之外，还要将弓形面积的推导和灵活运算当作教学目标，这样可以更好地培养学生的辩证思维能力和发散性思维能力。同时，也要将回顾圆形的面积当作主要教学目标，这样可以使这个单元各个知识点更具有关联性，教师一定要将以往所学知识和拓展性知识进行有效的连接，贯穿到多重教学目标当中，这样才会促使初中单元整体教学更具有实效性。

第二节　纵向延伸拓展，贯通知识前后关联

所谓纵向延伸拓展教学，就是指加强数学知识前后之间的关系，教师将数学单元中的知识前后结合在一起，根据学生的数学单元整体学习情况，适当地延伸拓展教学内容，可丰富学生的数学学识与视野，进一步保障学生数学单元整体学习的效果。

一、纵向延伸显宽度：前后关联，打通知识的前沿后续

为了将数学单元内前后的知识实现纵向结合，初中数学教师应深度探究单元数学教学课程，通过运用思维导图的方式，将数学知识有效地前后连接在一起，使学生能直观地了解整个数学单元的核心和分支知识点，使其能构建前后延续的数学知识结构脉络，有效地培养学生的数学逻辑思维，切实提高学生的数学学习效果。

比如，在开展"有理数""有理数的加减法""有理数的乘除法"这一有理数数学单元教学的时候，教师可以以有理数为数学单元的核心，为学生绘制纵向的数学单元知识思维导图。使学生能借助具象的思维导图，从有理数的概述一步步进行对加减法和乘除法的探究学习；使学生能将数学知识前后联系在一起进行深度学习；使学生能从整体去学习数学知识，加强其对数学单元内知识结构的掌握；使学生能学会纵向联系学习数学知识，提升数学学习效率。

二、单元序列结构：把握顺序，遵循教材的知识序列

数学学习是发展思维的过程，为保障用纵向教学法开展数学单元整体教学的效果，初中数学教师应立足于学生的发展，根据学生的数学学习思维和认知，把握好开展单元数学知识教学的顺序，避免学生按照错误的顺序学习单元内的数学知识。

举例来说，在开展"整式的加减"单元教学的时候，教师应遵循教材的知识教学序列要求，先让学生学习整式的概念和意义，再让学生学习如何进行整式加减，这样才能保障学生在对整式已有的学习认知之上，高效地学习整式加减知识。一旦学习顺序发生错误，会使学生颠倒学习单元内的数学知识，会严重影响学生的数学学习效果。所以，数学教师应分析好数学单元内各部分知识之间的前后与逻辑关系，以保障开展单元整体纵向教学的效果。

三、透过知识寻思想：逐级递进，数学思想的一脉相承

在开展初中数学单元整体教学的时候，教师还需透过知识寻找数学思想，让学生能学会转化数学学习所运用的不同数学思想方法，进行纵向延伸拓展教学，发展学生的数学思想和学习能力，使其能学会从不同的角度去思考与解决数学问题，有效地提高学生的数学学习能力和效果。

正如在讲授"二次函数的图像与性质"这一节课时,教师可以通过让学生观察从最基础的二次函数 $y=ax^2$ 到一般二次函数的图像位置转化的过程,使其能转换自己原有的数学思想,学会运用数形结合的方法去绘制图像和探索性质,并通过让学生感受数形结合思想,体验从具体到抽象、从特殊到一般的研究方法,培养学生的高阶思维,使其能深化对数学知识的理解,养成良好的数学思想和解题能力,逐步提高数学课程教学的时效性。

第三节 基于学生学情,把握结构合理立序

从初中生的学习角度出发,学生才是学习与发展的主体者。教师需要基于学生的数学学情,对各个数学单元知识结构进行分析,构建符合学生数学学习需求的结构体系,找准学生数学学习的重难点,使学生能自主进行深度学习,保障学生学习效果。教师在进行初中数学某个单元的整体教学设计的时候,要围绕教学内容进行剖析,将单元中的教学重点和独立关联的部分进行细致体现,在教学设计上符合学生的学习特点,这需要教师在日常的教学中充分了解学生的学习情况,根据教学内容进行整体上的教学设计,调整教学内容的难易程度,针对教学内容的难易程度进行教学顺序的排列,采取以人为本、因材施教的教学理念,使数学单元整体的教学设计符合学生的认知逻辑,体现学生的课堂主体地位,解决学生存在学习困难的问题,提升学生的学习效率。

一、学情诊断立起点:立足学情,调整教学的重难点

在开展数学单元整体教学的过程中,教师应根据数学课本中的单元教学内容以及学生的实际数学学习情况,合理地调整教学重难点,帮助学生掌握重难点知识,促使学生数学学习水平的高效提升。例如,在进行有理数的单元教学设计时,教师应先对学生进行课堂小测,了解学生的数学基础和对数学的理解学习能力,再将有理数整个单元的教学内容和重难点进行排序,对单元中的每个小节的教学重点和目标设定清晰,并记录教学计划。教师在课堂教学时应与学生进行互动交流,及时了解学生的学习情况,将单元教学内容进行有针对性的整改,在不脱离教学内容的前提下,选择更符合学生学习情况的教学内容和顺序,争取让学生能准确把握教学内容,提升学生的学习质量,贯彻以人为本、

因材施教的原则。

二、学情把脉循规律：关注序列，顺应学生的认知建构

在初中数学学科教学中教师对学生实际学习情况的分析主要从基础认知、心理状态以及认知规律三个方面入手，其中，认知规律的培养需要教师在课堂教学的过程中加强对学生的观察，找到其中的规律，收集更多的真实资料信息，以此作为基础做出科学且合理的判断，让学生的认知能力构建情况得以清晰呈现，从而使教师对初中数学学科的教学方案做出调整，让单元整体教学方法与初中数学教材内容的契合度更高，为学生提供优质的教育服务。教师在分析学生的学习情况时，应从多个角度入手，不仅要了解学生的学习成绩，还要了解学生的数学基础、学习态度和理解运用能力。同时，教师在教学的过程中一定要及时了解学生的认知，顺应学生的学习思维发展，让学生能更好地了解教学内容，提升学生的数学素养。

例如，在进行"几何图形"这一单元的教学时，教师根据学生的几何图形知识基础进行教学设计，先让学生通过观察生活中的大量图片或实物，体验、感受、认识以生活中的事物为原型的几何图形，比如长方形、正方形、棱柱、棱锥、圆柱、圆锥、球等，让学生在教学中能由实物形状想象出几何图形，再由几何图形想象出实物形状，进一步丰富学生对几何图形的感性认识。等学生掌握单元知识基础后，教师再根据单元知识点的难易程度和学生本堂课的学习反馈情况进行下一步的教学设计，让教学内容的排列顺序符合学生的认知顺序，循序渐进地拓宽学生的认知框架，帮助学生更好地了解本单元的教学内容，提升学生的理解和逻辑思维能力。

三、整体教学促养成：结构学习，提升学生的学习素养

学习素养对于学生高效地完成学习任务以及数学学习水平的持续提升有着较大帮助，而单元整体教学在初中数学学科中的应用起到了促进作用。教师通过对单元整体教学方法的灵活应用能够让数学课堂教学结构得到有效优化，并在与思维导图的结合中为学生提供更多自由探索和发现的机会，这对于提升学生的学习素养有着较大帮助。单元的排序讲究逻辑性和关联性，教师在单元教学设计中应讲究教学内容的关联性，让学生能在学习的过程中更好地理解教学内容，用联系的方式学习探究教学内容，在知识的学习上能够承上启下，将课

堂教学的内容更好地关联起来,从而更好地吸收和运用知识,提升学习质量。另外,教师应充分剖析整个单元教学内容,提取教学中的知识点,划分其难易程度,在符合学生学习基础的情况下将知识重难点进行整理,让教学内容呈现出一定的结构性和逻辑性,为学生指明学习顺序和方法。教师在进行单元教学前,先引导学生对接下来要开展的单元教学内容进行划分梳理,将单元中的教学内容整理出一份思维教学指导图,针对单元中的教学重难点进行梳理排序,形成一个合理的知识框架,让每个学生都能根据知识框架进行探究学习。并且,教师在引导学生进行探究学习的过程中,应不断地回顾复习之前所学的内容,让学生能更好地将知识点进行融合,使学生的知识结构更加清晰明了,帮助学生建立更为牢固的数学认知基础,培养学生的数学思维,使学生在学习和运用数学知识的时候更为严谨,能将所学知识进行充分关联,养成良好的学习和数学思维习惯。

第四节 加强教材单元结构的划分

首先,初中数学学科中单元整体教学方法应用的第一步,也是最为重要的一步就是对单元结构的划分,目前最常见的单元结构划分方法有两种,分别是以教材目录中的单元作为基础的划分方法和以教师的教学经验与学生的实际学习情况为基础的划分方法,这两种单元结构的划分方法都有着各自的优势,教师在进行数学单元结构的划分时应当以客观实际为基础,灵活地选择和应用两种划分方法,切实提高单元结构划分的有效性,让作为基础的单元整体教学可以呈现出理想化的效果,为学生能够在其中取得最大化的进步保驾护航。其次,单元结构的划分往往伴随着单元教学目标的设置,在这一环节中,教师应当做到以学生为基础,综合化地分析学生当下的学习情况和教材教学要求,设置更为科学且合理的单元教学目标,有效地避免因单元教学目标难度过大而给学生带来较大的学习压力,保证学生的身心健康成长,同时让学生可以在单元整体教学模式中获得一定的挑战,取得理想化的学习成果。

一、以学生当下的学习情况为立足点,设计情景教学方案

数学学科中抽象化的知识内容较多,教师如果始终采取单一化的教学方式

不仅无法帮助学生顺利地理解和掌握这些数学知识,还会激起学生的抵触心理,导致今后数学课堂教学工作的开展受到较大的阻碍。所以,在新时期,教师应当及时以学生当下的学习情况为基础,加强对单元整体教学方法的应用,并采取情景教学的方式有效地降低学生学习数学知识的难度,帮助学生逐步掌握数学知识的内在规律,为学生更好地理解和消化教师所讲述的知识以及高效地完成学习任务打下坚实的基础。另外,为了保证学生可以积极参与到数学课堂学习中,教师还需加强对学生日常学习和活动情况的观察,挖掘学生的所思所想,发现学生的兴趣爱好,以此为基础设计生活化的情景教学方案,使学生以更为放松的状态投入数学课堂中,在教师的引导下循序渐进地进行数学知识的学习和研究,为学生能够在更短的时间内高效地完成学习任务和取得理想化的学习成绩保驾护航。例如,在讲授"二元一次方程组"单元时,教师可以结合学生的实际生活设计以下情景内容:"小红从家到学校的途中会经过一条笔直的小路,如果乘坐车速为 60 km/h 的交通工具则能够完全通过这条笔直的小路,并且超出 2 km 的距离,但如果小红乘坐车速为 50 km/h 的交通工具,用同样的时间,则通过笔直的小路还有 3 km,请问小红家距离这条笔直的小路的有多少千米?通过这条笔直的小路最短需要多长时间?"通过生活化的元素带给学生一定的熟悉感,有效地增强学生的代入感,使学生可以积极地参与其中,为课堂教学效率的提升打下良好的基础。在学生对情景问题进行分析和研究的过程中,教师需要最大化地减少对学生的外部干预,让学生获得足够的自由探索单元知识的机会,使学生可以全面经历从发现问题到最终解决问题的过程,逐步掌握单元知识脉络,并学会灵活应用单元知识解决综合问题,为学生数学学习水平的持续提升保驾护航。

二、上下沟通,构建整体知识脉络

教科书将初中要掌握的知识点划分为"数与代数""图形与几何""统计与概率""综合与实践"四部分,这四部分又蕴含了很多的知识点,这些知识之间的关系既是紧密相关的,又是独立的。在划分某一个单元的时候,传授新课、课后练习、综合实践课之间既相互独立,又相互联系。初中数学老师需要掌握教学的整个过程,才能够建立起一个整体的知识脉络。因此,在初中数学的过程中,教师要突破固有的编排模式,试用新型的教学思想和教学模式,梳理每一个单元的知识脉络,建立起单元知识框架,准确地掌握每一个单元的内容,让初中数学单元知识呈现出整体性和系统性的特征。

例如,"数与代数"这一单元中的方程、不等式的知识主要设置在七年级上册"一元一次方程"、八年级上册"二元一次方程(组)"、八年级下册"一元一次不等式"以及九年级上册"一元二次方程"等不同学期的教科书中,知识点是比较零散的,但是知识之间又有着一定的联系。因此,笔者在设计"一元二次方程"单元教学的时候,就突破了年级的限制,重新组合整个初中的方程和不等式的相关知识点,依据"一元一次方程""一元一次不等式""二元一次方程(组)""一元二次方程"等知识进行了单元的构建。在讲授知识的过程中,笔者让学生依次进行探究和学习,绘制出"单元结构框架图",并利用组建方程和不等式思维导图,建立知识脉络的框架,来让学生了解这一单元需要学习和掌握的知识内容,建立方程和不等式的知识框架,促使学生能够学会数学思想的技巧,从而提升其学习能力。

三、一脉相承,加强相关知识的联系

世间万物都有着一定的联系。数学也不例外,大部分的知识点之间并不是"孤立无助",而是有过渡、上下有衔接的,一脉相承的。因此,教师需要不断地更新自己的教学方式,以单元模块为立足点,掌握数学知识之间的联系性和过渡性,整理并合并教学的内容、衔接上有关联的知识点,体现数学知识是一脉相承的,促使学生在学习的过程中能够学会举一反三,进而让学生的自主学习能力及分析问题和解决问题的能力得到提升。

例如,在讲授八年级下册"平行四边形"这一单元知识的时候,为了提升学生解决问题的能力和学习能力,笔者在授课的过程中采用了整体模块教学的方式,以"四边形"为切入点,让学生回忆在七年级所学的与三角形相关的学习技巧,厘清三角形的知识体系,类比三角形的知识导出四边形的知识,从普通四边形的边、角、线变化的过程中推导出与平行四边形、正方形等相关的知识。采用整体单元模块教学的方式,前后相互衔接,一脉相承,教学过程顺畅,可以使学生更加轻松地学习知识,并能够构建属于自己的几何知识框架,从而为接下来学习几何的相关知识做好铺垫。

四、合纵连横,进行单元模块聚点探究

单元整体教学的主要特点就是用整体的教学思路和较为清晰的教学脉络

编排单元教学的主要内容。它冲破了原有编排教学的束缚,让数学教学形式变得多样化,提升了数学教师的教学水平,让学生的学习能力得到了一定的提高。但是单元整体教学的模式并非仅仅停留在增、减教材上,而是要重点研究每一个单元之间的连接点,呈现出数学知识的整体性,进而提升学生单元学习的能力。把单元整体教学立足在教学实践上,就是合纵连横,从而进一步提升初中教学的质量。

例如,在教学七年级"整式"这一单元知识的时候,教师一共需要十一个课时才能讲解完,为了提升学生的学习效率,减轻学生的学习压力,先利用横向的方法,把这一章节的内容进行对比,再利用纵向的方法进行对比,把单项式加减运算和多项式的加减运算整合为单项式加减单项式和特殊多项式加减多项式单元教学的体系。同样,也把这样的教学思想方法延伸到了接下来学习整式乘法的过程中,可以让学生学会举一反三。在整合了"整式"这一章节的内容以后,减少了五个课时的模块教学,这样不仅提升了教学的效率,还能让学生有更多的时间进行自主的思考、学习和探究,为学生今后的学习和生活奠定了良好的基础。

五、围绕主题进行引导与提问,激发学生数学思维

以单元主题为基础创设一个教学情境,有利于提高学生学习数学的兴趣。此外,还可以以单元主题为切入点进行指导,并利用提问的方法打开学生的数学思维,提高学生的逻辑思维能力。在初中阶段,培养学生的数学思维是非常重要的,和其他科目不同的是,数学有着很强的抽象性,需要学生具备一定的逻辑思维能力。所以,初中数学教师需要注重培养学生的数学思维,让学生深入地掌握数学的内涵,掌握数学学习的技巧。初中数学每一个单元都是围绕一个类型的问题展开的,这时候就需要教师根据单元主题实施提问的方法,逐渐提升学生的逻辑思维能力。

例如,在教学"整式及其加减"这一单元知识的时候,有的教学内容就包含了比较抽象的概念——代数,代数是初中数学教学过程中的一个难点。在代数教学中,笔者让学生变换自己的思维,了解每一个字母所代表的含义。为此,笔者结合单元主题向学生提出这样的问题:"什么是整式?什么是代数?代数的概念是什么?"等,来培养学生的思维能力。

六、结合单元主题,进行综合回顾

创设单元主题的教学情景和以单元主题为核心培养学生的数学思维,都是单元主题教学实践过程中的策略,同时单元主题教学也是非常注重回顾教学的整体内容的。初中数学的每一个单元都是以一个类型的内容为主题的,所以教师要充分抓住这一点,引导学生回顾所学的知识。进行整体的回顾,不仅能够让学生将知识串联起来,还能够让学生对于知识的掌握更加牢固。

以教学"一次函数"这一单元为例,笔者在进行回顾单元知识时,需要把握每一个单元的重点和难点,并以重点和难点内容为核心,对重点内容进行复习。在这个单元,先让学生利用思维导图对一次函数进行复习,回顾什么是函数?函数的表示方法有哪些?正比例函数和一次函数有什么关系?来串联整体单元的知识框架。接着共同探究一个一次函数的例子:$y=-2x+3$。

请同学们完成以下活动:

1. 画出这个函数的图像。

2. 根据思维导图和之前解决过的问题,利用关系式 $y=-2x+3$ 的图像,提出一些你能解决的问题,并尝试进行解决。

基于上述问题进行知识的回顾,在回顾知识的过程中,不仅能够提升学生的学习能力,通过合作交流,还让学生得以共同进步。

第五节 主题教学方式在初中教学的实践

一、基于核心素养的初中数学单元整体教学有效措施

(一)明确单元整体教学的目标

无论是传统的单个教学模式,还是新课标的单元教学模式,都需要教师明确教学目标。教师在确定教学目标的过程中,主要是围绕着教学重难点开展的,同时还需要结合学生的实际情况,采取合理的教学方法,让学生能够轻松地掌握核心知识,顺利突破教学中的重点和难点,为学生构建完整的数学知识体系,同时为学生日后的数学学习打下坚实的基础。以数学单元为主的教学模

式,教师需要对整个单元的数学知识进行梳理,明确教学目标,有针对性地开展课堂教学。例如,在讲授"旋转"时,教师就需要结合本单元的数学知识,明确教学目标。第一,牢固掌握旋转的概念,明确旋转的要求。第二,通过游戏化的教学方式,让学生形成与旋转相关的判断能力以及数学抽象思维能力。第三,经历探究过程让学生掌握旋转的性质。第四,运用情境教学方法,调动学生的积极性和主动性,让学生在情境中进行练习,及时地巩固和加深学生对旋转的理解。第五,采用合作学习的方式,让学生以小组为单位,围绕"旋转"知识点开展交流讨论,鼓励和引导学生从不同的角度思考问题,进而得出不同的结果,培养学生养成"一题多解"的习惯,保证初中数学课堂教学的有效性。

(二)通过知识迁移建构单元整体结构

所谓核心素养,就是指学生在学习过程中所掌握的能力和养成的学习习惯以及在学习过程中对新旧知识之间的联系,并且能够运用数学知识解决一些生活中遇到的问题,具有知识迁移以及应用的能力。例如,在讲授"三角形"时,首先,要让学生掌握三角形的概念,由于学生在小学阶段就已经对三角形的相关知识有了一个初步的认知和理解,所以,教师在引导的过程中,可以通过新旧知识联系的方式开展教学活动。其次,抓住本单元的重点知识,让学生理解不同三角形的特点以及应用的技巧和方法。比如,教师在引导学生学习等腰三角形时,要让学生掌握等腰三角形的特点,并且引导学生从普遍引申到特殊,让学生认识到等边三角形就是一种特殊的等腰三角形,同时引导学生对等腰三角形的知识进行归纳和总结,创设教学情境,让学生在情境中进行练习应用,从而提高初中数学课堂教学的有效性。

(三)掌握章节单元知识点的逻辑关系

对于初中生而言,初中数学具有一定的难度,因为初中数学知识比较复杂,对于学生的思维能力、空间想象力以及逻辑思维能力有着较高的要求,往往一道题中,蕴含了较多的数学知识点,需要学生构建完整的数学知识体系,只有这样,才能提高学生对各种数学知识点的运用和理解。例如,在讲授"平行四边形"一章时,在教学过程中,很多知识都是通过操作感知—图形变换—层层递进的方式呈现出来的,帮助学生对图形研究有深入的理解。教师需要注意的是,在练习过程中,要保证练习的代表性和联系性,能够将各单元的知识点有机地融合在一起,让学生掌握学习方法和学习技巧,提高学生的概括能力和表达能力,促进学生的核心素养和综合能力的提升。

(四)秉承"以生为本"为单元整体教学的方向标

在以单元为主题的初中数学教学过程中,教师要秉承"以生为本"的原则,要以一个平等的身份与学生进行交流互动,尊重学生的意见和想法,同时还需要耐心地听取学生的解题思路和解题方法,不要用所谓的正确答案来固化学生的思维。与此同时,在教学过程中,教师还需要积极地采用合作学习、翻转课堂以及自主学习等方式,让学生成为课堂的主人,自发地进行学习。除此之外,教师还需要对学生的学习过程进行总结,合理地运用教学评价,增强学生的自信心,激发学生的想象力。例如,在讲授"勾股定理"时,首先,教师让学生理解勾股定理的内容;其次,教师可以让学生自主推导一下勾股定理,加深对勾股定理的理解;最后,教师要有意识地开展练习,让学生在练习的过程中进行巩固和消化,构建完整的数学知识体系,引导学生对数学知识进行反思和质疑,然后进行系统的求证,增强学生的思维能力和问题意识,进而提高学生的数学核心素养和数学综合能力。

(五)问题式主题,引导学生探究学习

在初中数学教学课堂中,教师可以通过设计关于数学单元的问题,开展问题式的主题单元教学,以问题引导学生自主并深度探究数学知识,使其从整体到局部地学习单元内的数学知识,这样不仅能有效地激发学生的数学学习兴趣,培养其数学自主学习能力,还可以让学生在理解中掌握所学的知识,不断提高学生对数学单元知识的学习效果以及学生整合单元数学知识和运用数学知识的能力。这样一来,就能有效地避免教师沿用传统的应试教育方式,使学生能高效地学习整个单元的数学知识。

例如,在讲授"有理数""有理数的加减法""有理数的乘除法""有理数的乘方"这一数学单元知识的时候,教师可以开展问题式单元教学,先向学生提出核心性的数学学习问题,如:有理数与其他的数有什么不同?启发学生对数学知识的深度思考,使其能深刻认识有理数以及这一单元数学知识之间的联系,使学生能以有理数为学习出发点,有效地学习单元内的数学知识。之后,教师应根据学生的学习回答,进行有针对性的教学指导,使学生与教师之间能进行有效的学习交流,不断地提高学生的数学学习效果和能力。

(六)情境式主题,启发学生课堂思维

在开展初中数学教学的过程中,教师可以通过设计情境式教学主题,为学生创设与课本知识相符的数学学习情境,让学生置身于真实的情境中学习数学知识,启发其数学思维,加深其对数学知识的理解,这样学生就能快速找到数学单元知识的重难点,高效提升数学单元的学习效果。同时,数学教师还需注意对学生的教学引导,使学生能始终朝着正确的方向探究数学单元知识,使其能真正将所学的知识转化为属于自己的知识,切实提高学生的数学学习效率和效果。

在实际教学中,教师可以结合教学内容,创设学生可开展的实践操作情境。例如,在探索"多边形内角和"的知识时,教师可以在多媒体演示、板书讲解等基础上,让学生自己动手操作制作多边形,并测量出每个多边形的内角,计算多边形的内角和。学生通过动手实践操作,会发现测量到七边形或十边形后,可以找到多边形内角与边数之间的规律,从而猜想出多边形的内角和公式:$180°(n-2)$。在实践操作中,学生的思维被充分调动起来,这样学生不仅对多边形的内角和知识有深入理解,还会全面了解到多边形的其他性质,在此基础上,教师还可以组织学生探讨更深层次的问题,比如,任意多边形与等边多边形、直角多边形之间有什么关系等。要为学生提供更宽广的探究平台,使其能在情境式的数学单元主题中,真正融入数学学习中,切身感受数学的魅力,有效地提高学生的数学单元学习效果以及学生的数学学习和运用的能力。

二、合理使用多媒体设备,增强学生理解

初中的数学知识对于部分学习能力较差的学生而言,经常会因为对知识难以理解而导致学习效果不尽人意,甚至会导致学生产生抵触心理,从而导致学生的数学能力逐步下降。因此,教师在对学生进行起始课的教学时,可以充分利用多媒体设备视频或者图片等方式,使数学知识更加生动化、具体化,使学生对知识有更加直观、深刻的理解,为今后的学习奠定良好基础。

例如,在学习"生活中的轴对称图形"时,学生需要掌握如何作一条已知线段的垂直平分线、如何作一个已知角的角平分线。教师借助几何画板能够更精确地作图,给学生示范时更加规范、清晰,还可以就地取材,讲解尺规作图的依据。

三、增加实践活动,提高学生实践能力

传统的数学教学模式中,教师作为课堂中的教学主导者,学生缺少在课堂中的活动实践,导致对知识无法充分地进行运用。因此,教师在进行实际教学时,要充分地将学生作为课堂中的主体,积极地带领学生进行实践活动,增强学生对于知识的实际运用能力以及利用所学知识解决问题的能力,进而提高学生在单元整合教学中的学习效率。

例如,在讲授"生活中的轴对称图形"时,为了适合思维依赖于具体直观形象的特点,教师在每一个单元课时都应安排动手实践操作来辅助课堂教学,让学生动手、动口、动脑积极思维,进行创造性学习,激发其学习兴趣。

四、合理使用思维导图,帮助学生明确教学目标

初中学生的能力各不相同,教师在对学生进行初中数学教学时,要正视学生之间的差异性,公平对待每一位学生,为能力不同的学生制定不同的学习目标,通过思维导图的方式,帮助学生在起始课中对知识形成初步的了解,使学生充分地认识到本单元中的重点与要点。另外,教师可以为学生制定适当的教学目标,帮助学生利用思维导图对知识进行独自学习,对学生进行因材施教,满足学生的学习需求,增强学生在单元整体教学中的自主学习能力,使得学生的能力得到全面发展与提升。

第六章 初中单元整体教学设计的课例研究

第一节 确立单元整体教学内容

解析几何起源于17世纪,从笛卡尔建立坐标系开始,包括平面几何和立体几何两部分内容,其中最基本的研究路径就是采用代数、函数、方程来解决数学几何问题,所呈现的数学思想就是数形结合思想。其中解析平面几何在初中数学教材中占大部分比例,此类型知识不仅仅是初中数学课程中的重点内容,还是中考数学考试中重点考查的内容,同时能够更好地培养中学生的数形结合能力和逻辑思维能力。

《义务教育数学课程标准(2022年版)》(以下简称《标准》)把初中数学课堂划分成三条主线,其中图形的性质为主线之一,主要涉及了点、线、面、角,相交线与平行线,三角形,四边形,圆,定义、命题、定理等六个主题,需要让学生全面掌握平面几何中平面、直线和点的概念,要让学生正确理解两点之间距离的重要意义,并且能够正确地理解顶角、余角、补角的概念和性质以及平行线的判定定理和性质定理,让学生可以借助反证法进行验证。学习三角形时,则需要学生掌握三角形内外角、高线、角平分线的相关概念以及勾股定理和勾股定理的逆定理等数学知识;学习四边形时,则需要学生掌握平行四边形、矩形、菱形、正方形、梯形的概念、性质定理和判定定理以及三角形中位线的定理;学习圆形时,则需要让学生了解圆中弧、圆心角、弦、圆周角的概念,掌握点与圆之间的位置关系、垂径定理、切线长定理、圆弧长和扇形面积的求解方法以及正多边形和圆之间的关系;学习定义、命题、定理课程时,则需要让学生正确区分命题条件和结论,正确理解原命题和逆命题的概念及证明意义,让学生通过实例来体会反证法的含义,重点是为了培养学生的演绎和归纳推理能力。

第二条主线是以图形的变化为主,主要涉及的数学知识点包括图形的轴对称、图形的旋转、图形的平移、图形的相似、图形的投影等数学几何知识。其中，图形的轴对称主要涉及了轴对称的概念和矩形、等腰三角形、菱形、正多边形、圆的轴对称性质；而图形的旋转涉及有关于平面图形旋转中线的旋转，图形旋转的基本性质，中心对称和中心对称图形的概念和基本性质，并要求学生掌握线段、正多边形、平行四边形、圆的中心对称的性质；而图形的平移主要涉及相关性质和图形平移之后在实际生活中的具体应用方式；图形的相似几何知识，需要让学生掌握比例的性质、线段的比、成比例线段、相似多边形相似比的知识以及相似三角形的性质定理和判定定理，还包含了相似直角三角形、锐角三角形函数的三角函数值，并根据三角函数值求解出对应的度数；图形的投影主要涉及中心投影和平行投影的概念，直棱柱、圆锥、圆柱、球的主视图、俯视图、左视图以及直棱柱和圆锥侧面展开图，构建相关模型，将视图和展开图应用到实践生活中。

第三条主线主要是以图形与坐标结合的知识点为主，主要包括图形的位置与坐标、图形的运动与坐标等内容。其中图形的位置与坐标需要学生画出平面直角坐标系和具体位置，并能够找出对应的定点坐标和简单图形，需要学生采用方位角和距离画出两种不同物体的相对位置，逐步用"数学的眼光"感知和形成几何直观和空间观念；而图形的运动与坐标，需要学生了解对应顶点坐标之间存在的关系，能够正确地理解图形顶点坐标之间产生的变化，还要让学生正确地解析圆锥、圆柱、直三棱柱、直四棱柱的视图和平行投影知识。学习这个单元是为了重点发展学生的空间观念、抽象能力和推理能力，能够为初中阶段的学生提供更为完整的平面几何知识框架，还能够让他们从宏观整体的角度感悟到平面几何中蕴含的数学几何思想。

一、课程内容的分析

从数学领域发展的历史进程上来看，初中平面几何属于数学领域发展史中的重要里程碑，通过将几何与代数相结合，创建新的单元整体教学体系，能够有效促进数学领域研究的发展，"量化思想""符号化思想"在数学领域中已经生根发芽，不同的简约型的数学符号也逐渐被发明和引入进来，同时，对数学知识的理解也逐渐从静态化的管理过渡到动态化的观念。

从初中几何知识在中学生学习数学的实际进程上来看，可以了解到平面几何不仅是初中数学教育中的主要组成部分，而且为以后学习几何知识打下扎实的基础,可以帮助学生养成良好的数学几何思维,对他们产生有效的数学思想具有深远的影响。

从初中几何知识领域来看,初中阶段研究的几何主线内容非常丰富,需要用不同的视角、解题方法、学具来研究各种图形的概念和性质以及具体的应用方式,所以在解析初中数学几何知识时,需要按照数形结合的数学思想来加以探索和分析,还要把各种测量和画图工具当作主要学习辅助工具。

按照与解析几何有关的知识角度来探究平面几何问题,还会涉及一元一次方程、二元一次方程、函数等数学知识,能够间接地向学生渗透各种函数、方程等数学知识,需要将这些数学知识与几何知识联系起来。因此,初中学生在实际学习几何类数学知识时,尤其在学习图形的性质与位置、图形的运动与位置时还会涉及坐标系和函数图像等相关数学知识,需要学生正确辨析方程、函数之间的区别与联系。

按照解析几何单元整体内部各个几何知识点,初中阶段所研究的平面几何单元整体教学内容主要包括图形性质中的点、线、面、角,相交线与平行线,三角形,四边形,圆,定义、命题、定理;图形变化中的图形的轴对称、图形的旋转、图形的平移、图形的相似、图形的投影;图形与坐标结合中的图形的位置与坐标,图形的运动与坐标。《义务教育数学课程标准(2022年版)》在课程内容部分就已经穿插了多种探究和发现栏,因此研究单元整体教学的主要思路需要从实际情况出发,以层层递进的教学方式、探究方式分析不同几何图形的概念、性质和判定方法,来构建基础性的几何知识体系,再与代数、方程或者函数等数学知识结合探究几何问题,应明确每个单元整体教学组成部分的教学目标、教学过程和研究方法以及后续需要结合的数学知识,让学生尝试利用数学几何方法解决数学问题,让学生深刻地感受到数形结合思想的重要性,提升学生的数学核心素养。

二、课程标准的分析

《义务教育数学课程标准(2022年版)》对初中几何教学提出了总体化的教学要求:能够使学生全面理解各种图形的特征,正确区分各种图形,并实际测量线段的长短;让学生学会正确地测量角度的大小,明晰两条直线究竟是否为平行或者垂直关系;让学生予以验证定理,使学生具有较强的推理能力和逻辑思维能力;教会学生正确使用尺规进行作图,掌握其中的原理和方法,发展学生的空间想象能力。在学习图形的变化这部分知识时，要求学生能够正确理解旋转、轴对称、平移三种图形运动的基本特征，灵活地运用图形运动知识解释现实中的对应现象，能够掌握几何图形的对称性；应使学生正确判定相似三角形，可以从不同角度观察立体图形的运动过程，注重创造立体图形的侧面展开图，发展学生空间观念和几何直观能力。在学习图形与坐标几何知识时，要求学生能简单画出几何图形位置，正确地理解平面内点与坐标之间的对应关系，并能按照三视图正确描述圆柱、球、圆锥的三种视图，要求学生正确认识投影和视图的概念和性质，并让学生掌握立体图形和平面图形之间所存在的联系，提高学生动手动脑实际应用能力和空间想象力。《义务教育数学课程标准（2022年版）》还要求在几何单元应注重培养和提高学生的数学运算能力、数学建模能力、直观想象能力、逻辑推理能力以及数学抽象素养。

三、学情的分析

从《义务教育数学课程标准（2022年版）》中课程结构设置的要求可以看出，数学几何单元在七年级开始就需要使学生能够完全适应初中数学课堂的教学模式，让学生所学的数学基础知识更加扎实，同时还要使学生拥有良好的抽象概括能力、空间想象能力、逻辑推理能力以及数学运算技能，要让学生成为具备良好数学学习习惯、掌握有效数学学习方法的人才。

对于图形的性质这一单元整体教学主线，要让学生运用反证法、尺规作图，感悟证明和反例的学习探究形式，来增强学生学习图形性质的认知习惯，重视在单元整体教学中的教师引导。

对于图形的变化这部分数学知识，学生已经了解了对称图形和图形的运动这些数学知识，所以对图形的轴对称、旋转、平移、相似及投影等部分的单元整体教学，需要从自然界和现实世界来加以呈现和充分应用，这样才能更好地将几何知识与实际生活紧密地联系在一起，让学生逐渐进行内化吸收。

对于图形与坐标这部分数学知识，可以采用方位角加距离来设计两种物体的相对位置，或者选用合适的平面直角坐标系来明确顶点坐标和简单图形，或者用代数形式表述数学过程，帮助学生掌握正确分析数学的方法。

此阶段学生的思维比较活跃敏捷，探索欲和求知欲比较强，自主探究数学知识和数学问题的能力比较强。相较于学习大量的代数计算来说，学生对学习几何知识充满强烈的好奇心，需要在开展单元整体教学期间，创造合适的数学情境,比如,结合建筑物体构造、汽车前灯、镶嵌图案等来设置科学有效的数学问题,能在很大程度上激起学生对本单元几何学习的兴趣,让学生更好地运用数形结合思想顺利地开展本单元的数学整体教学活动。

四、教材的分析

由于初中数学几何单元知识分布在各个年级的各个章节当中,属于跨单元数学研究,又因为当前《义务教育数学课程标准(2022年版)》要求的新版数学教材并没有正式投入使用,所以针对此次研究的内容,主要以教育部门审订的2012年版北师大版数学教材和某版本教材进行对比分析,共同探究和解析平面几何学习内容。本书对北师大版和某版本初中数学教材中的平面几何各个单元进行了对比研究,从章引言与章前图、单元整体知识结构与内容编排、几何知识内容呈现、不同类型例题与习题的数量、阅读资料以及单元小结等六个方面进行了比较,分析了二者的异同点,为之后的单元整体教学设计提供了更多的参考依据。

(一)章引言与章前图比较

表6.1 初中数学某版本教材与北师大版教材章引言及章前图比较

北师大版教材	某版本教材
七年级上册第四章基本平面图形	七年级上册第四章几何图形初步
七年级下册第二章相交线与平行线	七年级下册第五章相交线与平行线
八年级上册第四章三角形,第五章生活中的轴对称	八年级上册第十一章三角形,第十三章轴对称
八年级下册第一章三角形的证明,第三章图形的平移与旋转,第六章平行四边形	八年级下册第十七章勾股定理,第十八章平行四边形,九年级上册第二十三章旋转
九年级下册第三章圆	九年级上册第二十四章圆
九年级上册第四章图形的相似,第五章投影与视图	九年级下册第二十七章相似,第二十九章投影与视图

上表清晰地展示了相同知识在两个版本教材中的分布情况,对比两个版本所对应的数学几何知识章节部分引入部分可以发现,北师大版数学教材解析几

何知识的章引言和章前图比较丰富有趣,体现了几何知识发展的历史情况,融入了现实生活中的各种几何现象,具有很强的生活性、科学性和趣味性,能够让学生发现现实生活中的各种几何图形,让学生更加善于发现现实生活中的数学知识,认识到几何图形在现实生活中被广泛应用,对后续学生深入研究几何知识,充分发现几何知识的本质具有重要的作用;而某版本教材也从天文、历史史实、现实生活中提取了相关的素材,体现了各种几何知识的创立和发展情况,也充分地展现了所学几何知识在科学技术和生活生产方面的实际应用方式,能够使所解析的几何知识研究更加直观。

(二)单元整体知识结构与目录内容编排比较

表 6.2 初中数学某版本教材与北师大版教材目录内容编排比较

教材版本	某版本教材	北师大版教材
目录内容	数学必修 第四章 几何图形初步 　4.1 几何图形 　4.2 直线、射线、线段 　4.3 角 第五章 相交线与平行线 　5.1 相交线 　5.2 平行线及其判定 　5.3 平行线的性质 　5.4 平移 第七章 平面直角坐标系 　7.1 平面直角坐标系 　7.2 坐标方法的简单应用 第十一章 三角形 　11.1 与三角形有关的线段 　11.2 与三角形有关的角 　11.3 多边形及其内角和 第十二章 全等三角形 　12.1 全等三角形	第四章 基本平面图形 1. 线段、射线、直线 2. 比较线段的长短 3. 角 4. 角的比较 5. 多边形和圆的初步认识 第二章 相交线与平行线 1. 两条直线的位置关系 2. 探索直线平行的条件 3. 平行线的性质 4. 用尺规作角 第四章 三角形 1. 认识三角形 2. 图形的全等 3. 探索三角形全等的条件 4. 用尺规作三角形 5. 利用三角形全等测距离 第五章 生活中的轴对称 1. 轴对称现象

(续表)

教材版本	某版本教材	北师大版教材
目录内容	12.2 三角形全等的判定 12.3 角的平分线的性质 第十三章 轴对称 　13.1 轴对称 　13.2 画轴对称图形 　13.3 等腰三角形 第十七章 勾股定理 　17.1 勾股定理 　17.2 勾股定理的逆定理 第十八章 平行四边形 　18.1 平行四边形 　18.2 特殊平行四边形 第二十三章 旋转 　23.1 图形的旋转 　23.2 中心对称 第二十四章 圆 　24.1 圆的有关性质 　24.2 点和圆、直线和圆的位置关系 　24.3 正多边形和圆 　24.4 弧长和扇形面积 第二十七章 相似 　27.1 图形的相似 　27.2 相似三角形 　27.3 位似 第二十九章 投影与视图 　29.1 投影 　29.2 三视图	2. 探索轴对称的性质 3. 简单的轴对称图形 4. 利用轴对称进行设计 第一章 勾股定理 　1. 探索勾股定理 　2. 一定是直角三角形 　3. 勾股定理的应用 第三章 位置与坐标 　1. 确定位置 　2. 平面直角坐标系 　3. 轴对称与坐标变化 第七章 平行线的证明 　1. 为什么要证明 　2. 定义与命题 　3. 平行线的判定 　4. 平行线的性质 　5. 三角形内角和定理 第一章 三角形的证明 　1. 等腰三角形 　2. 直角三角形 　3. 线段的垂直平分线 　4. 角平分线 第三章 图形的平移与旋转 　1. 图形的平移 　2. 图形的旋转 　3. 中心对称 　4. 简单的图案设计 第六章 平行四边形 　1. 平行四边形的性质 　2. 平行四边形的判定

（续表）

教材版本	某版本教材	北师大版教材
目录内容		3.三角形的中位线 4.多边形的内角和与外角和 第一章　特殊平行四边形 　1.菱形的性质与判定 　2.矩形的性质与判定 　3.正方形的性质与判定 第四章　图形的相似 　1.成比例线段 　2.平行线分线段成比例 　3.相似多边形 　4.探索三角形相似的条件 　*5.相似三角形判定定理的证明 　6.利用相似三角形测高 　7.相似三角形的性质 　8.图形的位似 第五章　投影与视图 　1.投影 　2.视图 第三章　圆 　1.圆 　2.圆的对称性 　*3.垂径定理 　4.圆周角和圆心角的关系 　5.确定圆的条件 　6.直线和圆的位置关系 　*7.切线长定理 　8.圆内接正多边形 　9.弧长及扇形的面积

表 6.3 初中数学某版本教材与北师大版教材课时安排比较

教材版本	某版本教材	北师大版教材
课时安排	数学必修 几何图形初步(3课时) 相交线与平行线(5课时) 平面直角坐标系(3课时) 三角形(6课时) 全等三角形(6课时) 轴对称(4课时) 勾股定理(4课时) 平行四边形(3课时) 旋转(2课时) 圆(6课时) 相似(5课时) 投影与视图(3课时)	基本平面图形(8课时) 相交线与平行线(6课时) 三角形(6课时) 生活中的轴对称(4课时) 勾股定理(5课时) 位置与坐标(4课时) 平行线的证明(7课时) 三角形的证明(5课时) 图形的平移与旋转(4课时) 平行四边形(5课时) 特殊平行四边形(3课时) 图形的相似(10课时) 投影与视图(2课时) 圆(11课时)

通过对两种版本数学教材在内容、设置顺序以及课时分配方面进行比较，发现北师大版数学教材在学习内容划分方面比较细致，并且所编排的课时比某版本的要多。编排"圆"这一单元的编排有很大的区别，某版本教材的有关于圆的几何知识介绍得比较基础简单，而北师大版教材的有关于圆的几何知识比某版本教材多了一些圆的垂径定理、圆周角和圆心角的关系、切线长定理、圆内接正多边形的知识。同时，可以看出北师大版教材在编排几何知识方面更加丰富完整，某版本教材在安排思路方面主要是由一般到特殊，而北师大版教材关于几何的数学知识比较侧重由特殊到一般归纳的形式，对培养学生的逻辑推理素养具有显著的效果。实际教学过程中，教师应谨慎选用教学模式和教学策略，一定要按照学生的实际学习进度和心理特点来选取与之相匹配的高效化数学教学思路。

(三)单元整体教学内容的呈现方式比较

表 6.4　初中数学某版本教材与北师大版教材栏目呈现方式对比

某版本教材		北师大版教材	
栏目	数量	栏目	数量
思考	42	动手实践	39
探究	39	思考交流	48
观察	25	抽象概括	29
探究与发现	18	分析理解	15
阅读与思考	18	问题提出	50
信息技术与应用	16	实例分析	20
章小结	12	阅读材料	15
		信息技术与应用	25
		本章小结建议	13

可以看出,两种版本的数学教材都比较注重课时教学的过程性、体验性。比较而言,某版本教材比较重视几何知识的再生成和探究环节,在环节中设置了思考性和探索式问题,开展的相关活动比较多,可以有效地发展学生的多样化思维;北师大版教材在单元整体教学结构上比较清晰明确,教学内容比较丰富,还适当地增设了思考交流类教学活动、动手实践操作类活动以及抽象概括类活动,有利于提高学生的抽象思维能力。

(四)例题、练习题、复习题的数量比较

表 6.5　初中数学某版本教材与北师大版教材平面几何所提供的
例题、练习题、复习题数量上的对比

题目类型		某版本教材	北师大版教材
例题	解答题	65	75
	证明题	53	65
	作图题	35	46
	合计	153	186

(续表)

题目类型		某版本教材	北师大版教材
练习题	选择题	52	63
	填空题	36	46
	解答题	185	198
	证明题	75	86
	作图题	48	58
	操作题	35	42
	合计	431	493
复习题	选择题	30	60
	解答题	160	180
	证明题	60	70
	操作题	20	30
	合计	270	340

从上表可以看出，某版本教材题目的数量少于北师大版教材题目的数量，两种版本的数学教材例题数量基本持平，复习题的数量稍微有些差距。由于所列举的数学例题具有很强的示范性作用，所以两个版本的数学教材的例题都有解答、证明、作图这些题目类型。

(五)阅读材料比较

阅读材料不仅可以使数学教材内容更加有趣丰富，还有利于提高学生的几何学习兴趣，使各种与几何有关的数学文化有效地渗透到数学教材当中。两种版本的数学教材所提供的阅读材料都介绍了各种几何知识的历史背景和实践发展进程，为填补数学教材内容的文化知识空缺提供了很大的帮助，内容方面也比较丰富，有助于拓展学生的数学视野和多样化思维。

(六)单元小结比较

通过比较两种版本教材单元整体教学小结部分，某版本数学教材的章节知识结构图可以清晰地显示出各个章节的主要内容和知识脉络，有利于学生系统全面地概括总结所学的数学知识，可以更好地回顾和思考数学知识的顺序，学生可以直观地采取总结性、反思性的知识复习和巩固，可以全面清晰地展现出各个数学几何知识点之间的关联性，能够让学生对所学的几何知识更加深入地理解和掌握；北师大版教材罗列的总结性知识内容和教学思想，为学生提供了具体的学习要求和复习见解，主要是一些问题类的内容，对学生学好几何类数学知识具有巨大的参考价值，通过加入思维导图可以更加有效地帮助学生进行整体知识的把控。学生还可以按照自身对知识的理解自主构建单元知识框架，加深对所学几何知识的联系。比如，平行四边形的单元小结中需要让学生系统梳理四边形与特殊四边形之间的关系及转化条件，让学生自主总结平行四边形和特殊平行四边形的特征以及多种识别的方式，让学生学会进行知识的推理，将阅读理解和实践探索相结合，提高学生解决平行四边形问题的能力。同时，北师大版教材这个章节的单元小结还比较注重教学的评价与反思，更加有利于教师教学的创新和改进。北师大版教材中的平行四边形单元小结比较侧重平行四边形的判定和测试检验，更加注重培养学生的理论知识总结和归纳能力，因为加强对学生理论与实践相结合的培养更加符合新课程标准的要求。

总体上来讲，北师大版教材在所呈现的内容上倾向于螺旋上升式特征，所选用的素材、栏目以及呈现方式比较丰富，更加重视将理论与实践应用相联系，再按照实际教学情境提出抽象化的数学几何问题，更加侧重于对学生几何兴趣的引导和培养。

第二节　单元教学设计中对教学评一致性的实践与应用

一、初中数学单元起始课

（一）单元起始课设计的必要性

站在单元整体教学的角度，为了提高学习效率，学生需要在学习前了解整个单元的学习内容，明确学习目标，探求学习路径。通过对初中学生的学情分析可知，学生以传统教学方式即按照课本分散的知识点顺序进行学习，并不能站在更高的角度得知整个单元到底要学什么,因此,学生经常会对某节课学习的知识点感到困惑,不明白为什么要学这些,长此以往,并不利于学生数学核心素养的发展,这就需要设计一节单元起始课。传统教学设计是按照"目标—活动—评价"的顺序展开的,但按照教学评一致性的要求来说,传统教学设计经常只注重学生参与的趣味性,忽略了评价;或者往往只重视了评价的设计,而忽视了目标的一致性。逆向教学设计思路,则是"目标—评价—学习进程"这样的顺序,评价在设计学习过程之前,就可以很好地解决这个问题。

以北师大版数学教材七年级上册第五章"一元一次方程"为例,其起始课为"认识一元一次方程(1)"。按照"目标—评价—学习进程"的顺序,本节课的目标层次有:1. 根据情景判断分析列出方程,让学生感受到方程的特点;2. 根据方程的特点对方程进行分类,确定其命名方式;3. 方程是一种数学模型,而方程的解是解决问题的重要数据;4. 体会方程的解的概念,即能使方程左右两边相等的未知数的值。学生在小学阶段已经学过方程的基本概念、解法,但是对于方程的求解原理、方程的体系以及方程解法的多样性的理解并不深刻,而学生在七年级上学期逐步学习了代数式、整式等概念,有了符号化的体验,对式的概念的理解有了进一步的认识,进而对方程的认知范围也就扩大了。因此,在初中学习中渗透单元整体教学理念,更好地让学生了解学什么、为何学、怎么学,在初中阶段对方程有整体性的新认知,才能使数学学习不断螺旋上升与递增。在评价层次,本节起始课需要学生能够在等式中找到方程,并在这些方程中找到不同特征来作为命名的依据,进而学生能够在自我判断的基础上,根据方程特点,自行"编造方程"进行自答或者互问互答。而学生在探索和求证的过程中,由于分类依据和原则经验不足,教师需要给予学生充足的时间形成自己的原则,以培养学生的思维能力和符号意识。依据此目的,教学设计主要步骤如下。

第一环节,回顾实数和代数式的分类方式,为后续方程的分类做迁移性的铺垫。

第二环节,在实际生活情境中抽象出数学表达式(课前完成),含有未知数的等式叫做方程,并依据方程的特征进行分类。

(1) $2x-1=15$ (2) $x^2=4$

(3) $(1+40\%)x=140$ (4) $40+5x=100$

(5) $a^3=15$ (6) $2a+b+c=8$

(7) $x^2+9=0$ (8) $3x+y=10$

(9) $2x = 6 + y$

学生根据提示找出未知数的不同进行分类。

方法一:未知数的项的次数

　　　　一次:(1)(3)(4)(6)(8)(9);

　　　　二次:(2)(7);

　　　　三次:(5)。

方法二:未知数的个数

　　　　一个:(1)(2)(3)(4)(5);

　　　　两个:(8)(9);

　　　　三个:(6)。

其他方法:能做出来的,不能做出来的。这种分类教师予以肯定,但不做具体研究。

学生们根据方程的特点对它们的命名有了了解和认识,这个环节将带领学生们更加了解生活中方程的多样化。多样化的方程怎样进行分类认识呢?要从两个角度去认识方程:未知数的项的次数和未知数的个数。

第三环节,辨析和创造方程。学生对照学习目标,自评对概念的理解。组内互评、互问互答,提出不清楚、不理解之处,最后提出什么是方程的解?学生们针对这个方程,去发现能使方程成立的未知数的值。怎样验证呢?让学生讲解自己的方法。两种方法:解出来;代入验证。

对于评价的形式,教师要先对教学评价进行了解,教学评价是一种教师以教学内容中所体现的教学目标为基础,对教学过程和教学结果进行总结的一种教学决策形式,在决策过程中要充分分析教学内容和教学形式是否符合教学目标,对教学活动进行合理判定。教学评价分布范围较广,教师、学生、教学内容、教学方法乃至教学环境都能进行评价,但主要的评价主体还是教师的教学过程和学生的学习情况。教学评一致性的学习过程是由具体的目标决定的,结合评价及其标准,来设计贴合目标的学习活动,这是逆向教学设计思路的要求,更是教学评一致性过程中决定学生学习达成度的关键一环。

由此可知,在设计具体的课时评价任务之前,让学生对全章的知识有一个全面的了解,既可以让学生做到对学习内容心中有数,也能让教师在开始单元教学之前做一个前认知评估。因此,单元整体学习之前,一节起始课是非常有必要的。对此,教师要做好充足准备,围绕单元起始设计单元教学内容,站在单元整体教学的角度去思考问题,对教学内容做出明确规划,设计高效的教学环节,从而提高数学教学效率。

(二)遵循课标、分析学情,解读教材、确立目标

在前面我们已经通过分析得出了教学内容的七条教学目标,依据单元目标,要对具体课时的目标进行细化。

1. 学生在具体情境中回顾之前所学内容。回忆全等三角形、等腰三角形、直角三角形、中垂线、角平分线等的相关性质,纵览本章知识结构。

2. 学生能够了解之前学习时探索获得的几种三角形性质是可以通过证明验证的,并尝试使用几何语言对互逆命题进行改编,初步形成关于三角形相关内容证明的逻辑思维。

(三)根据目标,进行评价设计

为保证评价与目标匹配,即评价与目标的一致性,评价设计需要包括评价方法的选择、评价任务的设计、评价量规的制定等。多种形式的评价设计对提升评价的准确性和合理性有明确作用。我们在数学学习中最普遍使用的是可以迅速评价学生是否掌握知识技能的纸笔测验,如随堂小测,可以直接反馈达成度,随堂小测在教学内容的基础上进行问题检测,对学生掌握知识内容的测试最为直接。交流式评价是在教学过程中对学生的思维及掌握程度进行评价的一种评价形式,如巡视提问。表现性评价是从外在表现评价学生的创造创新能力,如论述和解决问题,或是实验调查任务,也可以是口头或展示的扮演任务,甚至可以是小课题任务。多种形式的互动评价,可以丰富课堂教学,使课堂教学气氛活跃,实现高效评价。最后,记录学生是否有进步和发展的档案袋评价,多用于教师对学生评价或者学生自己、学生之间进行评价,是长期的、在发展中的一种评价方法。这一评价方法较为直接,在教学中被接受得较快,其形式符合教学所需,评价有效成递进性,长期进行这一形式的评价,可以提高教学质量。评价设计如下:利用对三角形全等各种定理的情境复习和随堂练习,使80%~85%的学生能够回忆起相关性质,对知识的记忆经过复习能更稳固,知识框架建立符合思维发展认知;纵览全章内容,利用例题和评价测试,使75%~85%的学生能意识到几种三角形性质是可以通过证明验证的,并尝试使用几何语言对互逆命题进行改编,初步形成对三角形相关内容证明的逻辑思维。达到

上述要求,既可以巩固学生对知识内容的理解掌握,也能提升学生自身的数学素养,为之后的数学实践奠定基础,提升其知识运用能力。

(四)根据评价任务,设计教学环节

1. 复习导入

师:你记得上学期学过的证明三角形全等的定理吗?

生:我们在证明时都需要三个条件,即所证的两个三角形有三个要素是相同的就能证明!

师:你掌握得真扎实!那么谁能具体说说都有哪些定理呢?

生:我们学习了边角边、角边角、角角边、边边边定理,都可以用来证明三角形的全等。

2. 设计分析

学生在这一章的起始课就了解了本章即将学习的所有内容,有利于整体把握全章内容,为单元教学奠定了知识基础。

3. 自主探究

对于已经学习过的知识,学生能够比较准确快速地说出来,并且通过同桌之间的交流,不仅能巩固记忆,还能利用生帮生来查漏补缺。在正式学习前,让学生明确自己的前认知领域,这是平时分散教学所达不到的效果。

4. 动手操作

师:通过刚刚同学们的精彩表现,我们再一次回顾了之前学习三角形时探索的相关知识,你能联想到哪些其他几何图形?

生:还有线段和角。

师:它们的尺规作图呢?

生:有线段的垂直平分线的画法,还学了角平分线的画法。(全班展示,抽选一位学生作为代表展示画法。)

师:真是太棒了,同学们已经回忆起了这么多学过的内容,那么本章就在这些知识的基础上继续探究、学习。

通过展示,可以迅速地让一部分已经忘记如何作图的学生回忆起之前掌握的技能,能高效地提高全体学生的达成率。

(五)新知初探

师:在第八章我们已经学习过真命题和假命题,在本章,我们将学习互逆命题。

生:老师,我知道命题有真假,那么互逆命题又有怎样的形式呢?

生:命题包含条件和结论,这是真命题和假命题都具备的,那么我猜测互逆命题也有条件和结论!

师:看来经过思考,同学们的预判能力又提升了一个层次,那么我们尝试把刚刚已经复习过的几个定理的条件和结论找出来,看看谁找得最准确。

(学生活动,教师巡视学生是否能找到条件、结论,并及时进行随机指导。)

师:同学们都完成了,现在只要把条件和结论互换,就能得到原命题的互逆命题了。请尝试找出这几个定理的互逆命题吧。

因为前面已经铺垫得足够扎实,所以相对来说学生会较容易得出新知,并且自己思考后,课堂参与度会较高。

(六)总结归纳

将教学内容进行总结,提升学生对教学内容的掌握,丰富其对知识的认知,激发学习兴趣,实现高效教学。

对于本章基于教学评一致性的单元总体教学来说,单元起始课除了在知识层面,更重要的是让学生在思维层面形成一个全面完整的认知,可以让其锻炼自己的概括和总结能力,在纷杂的知识里做出判断并归纳,比普通的课时小结更指向高阶思维的发展。

二、初中数学单元课时教学设计

对于教学评一致性的单元教学实践来说,单元起始课的目标达成只是一个开始,接下来的每个环节都不可松懈,想要达到单元目标,需要各个课时的详细教学设计。教学设计应以教学实际和学生学习情况为基础,结合教师对教学知识的了解以及多种教学形式,丰富教学内容,实现高效教学。为了更直观地展示教学评一致性,在教学设计时要将目标设计、评价设计以及学生学习活动中需要掌握的题目结合在一起,确保教学的质量和效率,为数学教学提出实践策略。本书特意选取了实际教学过程中的六节课的教学片段分别进行展示,六节课的教学片段大致包含了目标设计、评价设计、题目设置、评价练习以及测试题的分析,各教学片段的最后均有关于教学评一致性的分析。以多个方向的教学实践验证教学理论,实现教学质量的稳步提升。其中,题目设置、评价练习、测试题的连贯性以及各种证明方法能够体现单元授课的优势,而目标设计和评价设计能够直接体现教学评一致性的要求。

(一)圆的有关性质

目标设计

1. 正确理解和应用圆的点集定义,掌握点和圆的位置关系。

2. 熟练掌握确定一个圆的条件。一个圆的圆心只确定圆的位置,而半径只能确定圆的大小;不在同一直线上的三个点确定一个圆,过三角形的三个顶点的圆存在并且唯一。

3. 熟练掌握和灵活应用圆的有关性质。圆是轴对称图形,经过圆心的任一条直线都是对称轴;圆是中心对称图形。

评价设计

1. 在 $\triangle ABC$ 中,$\angle C=90°$,$AB=3$ cm,$BC=2$ cm,以点 A 为圆心,以 2.5 cm 为半径作圆,则点 C 和 $\odot A$ 的位置关系是(　　)

　　A. 在 $\odot A$ 上　　B. 在 $\odot A$ 外　　C. 在 $\odot A$ 内　　D. 不能确定

2. 一个点到圆的最大距离为 11 cm,最小距离为 5 cm,则圆的半径为(　　)

　　A. 16 cm 或 6 cm　　　　　　B. 3 cm 或 8 cm

　　C. 6 cm　　　　　　　　　　D. 8 cm

3. 在 $\triangle ABC$ 中,$\angle C=90°$,O 是 BC 上的一点,以 OB 为半径作 $\odot O$,交 AB 于点 D,交 BC 于点 E,已知 $\angle A=30°$,$BD=6$,则 $\odot O$ 的直径是(　　)

　　A. 12　　　　B. 9　　　　C. 6　　　　D. 3

设计分析

此教学片段中,例题紧贴目标设计 1 的要求,能利用学生的答题情况得到客观的评价反馈。例题的变式训练,对圆的有关性质进行加大难度的训练,培养学生分类讨论的意识,能够及时调整不同水平学生的学习进程,辅助教学的顺利完成。进行这一教学活动,一定要以学生为主体,从学生和教学的角度进行,鼓励学生进行数学实践,在巩固教学内容的同时,提升学生自身对数学知识的运用能力,实现教学目标。

(二)行程问题中的"一次模型"

国家课程整合实践,是立意国家课程要求、立足学生发展需求,是优化课程资源,实施国家课程区域化、校本化的具体表现。积极发展课程整合理念在初中数学教学中的应用,对促进学生的数学知识体系的构建,提高初中数学教师的教学水平和教学革新能力,都有积极而深远的意义。山东省优秀教学成果——"区域推进国家课程整合的理论与实践探究"推广活动中展示的一节《行程问题中的"一次模型"》,给教师们提供了有关整合教学的思路。

目标设计

1. 经历从实际情境中抽象出数学模型的过程,尝试发现在同一问题情境下,坐标轴意义不同,图像也会不同。掌握从行程问题的图像中获取有效信息来解决问题,体会一次函数与一次方程的关系。

2. 观察不同函数的图像,发展数形结合的数学思想,并总结解决行程问题的方法。

评价设计

第一环节,明确图像,发散背景。根据下面图像中的信息,设计一段情景,用文字描述故事背景。让学生体会到同一个图像可以赋予不同的实际背景,感受图像作为直观模型的价值。

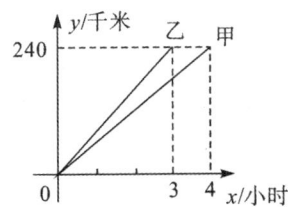

第二环节,明确背景,再造图像。根据刚才你编写的情景(相向),如果纵轴表示甲、乙两车离 A 地的距离 z(千米),你能画出相应的函数图像吗?

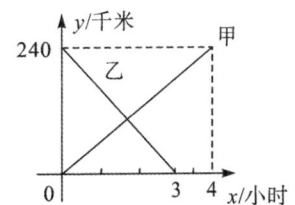

借助变式教学,引导学生关注横、纵坐标分别代表的实际意义,体会函数和方程的关系。深入理解

在图像中:整个图像表示函数,图像上的点实质可以转化成方程,而图像的某一部分可以用不等关系来刻画。

第三环节,明确题干,发散问题。根据这个图像和你创设的问题背景,你分别可以提出哪些问题?比如:(1)甲、乙两车的速度;(2)函数关系式;(3)甲乙两车何时相遇(交点);(4)甲乙两车何时相距50千米(相距问题);(5)何时甲车距A地更近?(不等关系)……通过学生自主提问,让学生体会利用函数图像可以解决的几大问题,初步感受函数、方程、不等式这三个一次模型在这一问题中的应用。

第四环节,拓展提高,形成方法。如果纵轴表示甲、乙两车间的距离 s(千米),你能画出相应的函数图像吗?通过问题升级,老师的介入,点透实质。

设计分析

整个教学过程,让学生体会到同一个图像可以赋予不同的实际背景,感受图像作为直观模型的价值。同时尝试发现同一问题情景下,坐标轴意义不同,图像也会不同,发展数形结合的数学思想。将一次函数、一次方程以及不等式的相关内容进行整合,让学生经历利用代数模型和函数图像解决问题的过程,从而获得解决问题的方法。

(三)三角形的外角及外角和

目标设计

1. 了解并掌握三角形外角的定义。
2. 能灵活运用三角形外角的性质并进行简单的证明和计算。
3. 经历探索与证明三角形外角和的过程,进一步发展推理能力。
4. 在一题多解、一题多变中,积累解决几何问题的经验,提升解决问题的能力。

评价设计

第一环节,概念感知

你想象中的三角形的外角是怎样的?尝试在下图的三角形中画出来。

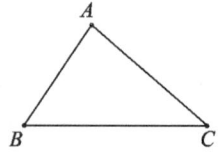

三角形外角的定义

三角形内角的一条边与另一条边的_____所组成的角,叫作三角形的外角。

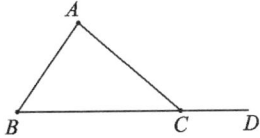

探究1:你能画出△ABC 其他的外角吗?

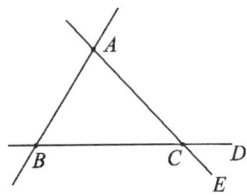

问题1:观察你画出的图形,你发现一个三角形共有多少个外角?

问题2:在每个顶点处有多少个外角?这两个角之间有什么关系?

注意:在研究三角形外角的有关结论时,每个顶点处只选取一个外角来研究。

设计分析

通过让学生画出△ABC 其他的外角,加深对外角的理解。同时,为发现有关三角形外角的结论做了铺垫。

练习:

如图,(1)△BDF 的外角有_____;

(2)∠BFC 是哪个三角形的外角?_____。

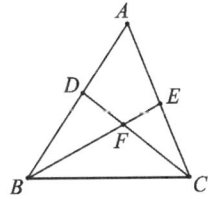

设计分析

设置"给三角形找外角""给外角定三角形"两种题型,让学生感受外角是相对某个三角形而言,是一个相对概念。同时进一步加深对外角概念的理解。

第二环节,探究定理

探究2:观察下面图形,你发现图中各角之间有什么关系?

生:∠4=∠1+∠2,∠5=∠2+∠3,∠6=∠1+∠3。

师:你是如何得到这三个结论的?

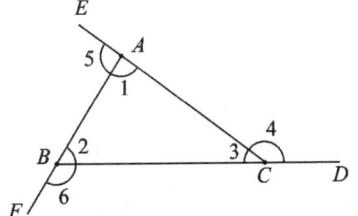

学生们思考后进行交流。

师：这样我们就得到了三角形外角的一个性质。请你用一句话描述这个性质。

生：三角形的一个外角等于任意两个内角的和。

师：这个外角等于哪两个内角的和？是"任意"两个内角的和吗？

板书文字语言：三角形的一个外角等于与它不相邻的两个内角的和。

符号语言：∵ $\angle ACD$ 是 $\triangle ABC$ 的一个外角

∴ $\angle ACD = \angle BAC + \angle ABC$

师：刚刚同学们研究的都是与三角形外角有关的等量关系，你能发现跟三角形外角有关的大小关系吗？

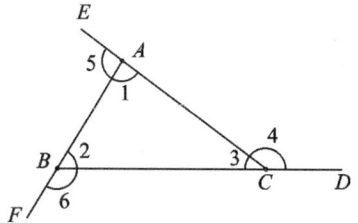

教师利用几何画板演示：

1. $\angle 4$ 与 $\angle 3$ 之间可能存在三种大小关系。

① $\angle 4 > \angle 3$；　② $\angle 4 < \angle 3$；　③ $\angle 4 = \angle 3$。

因此，$\angle 4$ 和 $\angle 3$ 之间不存在固定的大小关系，同理 $\angle 5$ 和 $\angle 1$、$\angle 6$ 和 $\angle 2$ 也是。

2. $\angle 4$ 与 $\angle 1$、$\angle 2$ 之间的大小关系。

$\angle 4 > \angle 1$，$\angle 4 > \angle 2$。

师：同学们能不能用一句话描述我们得到的结论？

板书文字语言：三角形的一个外角大于任何一个与它不相邻的内角。

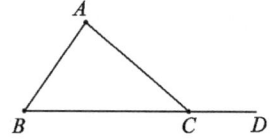

符号语言：∵ $\angle ACD$ 是 $\triangle ABC$ 的一个外角

∴ $\angle ACD > \angle BAC$，$\angle ACD > \angle ABC$

设计分析

设置一个开放性问题，希望学生发现有关三角形外角的定理，尽可能地找出来与三角形外角有关的结论。若学生未发现与三角形外角大小关系有关的结论,教师再继续引导。

第三环节,例题讲解

例1 如图,$AB/\!/CD$,P 为内部一点,你能用今天学的三角形外角的知识证明 $\angle BPC = \angle ABP + \angle PCD$ 吗?

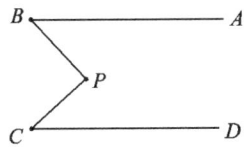

变式1:若将上题中 $AB/\!/CD$,变成直线 AB 与 CD 相交得到如下图形,试说明 $\angle P > \angle A$。

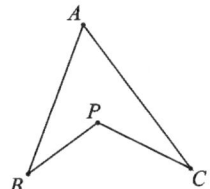

变式2:上题中,$\angle P$、$\angle A$、$\angle B$、$\angle C$ 之间还存在一个等量关系,请你写出来_____。

变式3:将变式1中的图形叠加,得到如下图形,请你直接写出 $\angle P$、$\angle Q$、$\angle A$、$\angle B$、$\angle C$、$\angle D$ 之间满足的等量关系_____。

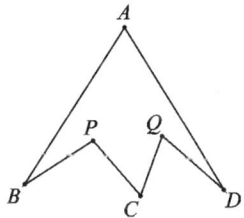

设计分析

从学生熟悉的拐角模型出发,让学生复习三角形外角的推论。帮助学生建立两个模型之间的联系。同时体会某些不等关系的递推和论证过程。通过多种解法,开拓学生的思维。

(四)一元二次方程复习

目标设计

1. 了解并掌握一元二次方程的相关概念。
2. 能灵活运用直接开平方法、配方法、公式法、因式分解法解一元二次方程。

3.能运用一元二次方程的根的判别式判定方程根的情况。

4.能简单运用一元二次方程的根与系数的关系解决相关问题。

5.能构造一元二次方程解决简单的实际问题。

6.通过灵活运用解方程的方法,体会几种解法之间的联系与区别,进一步熟练地根据方程特征找出最优解法。

7.通过实际问题的解决,进一步熟练地运用方程解决实际问题,体会方程思想在解决问题中的作用。

评价设计

1.当 $m=$ _____ 时,关于 x 的方程 $(m-1)x^{m^2+1}+5+mx=0$ 是一元二次方程。

2.下列方程中,有两个不相等实数根的是(　　)

  A. $x^2+4=0$ B. $4x^2-4x+1=0$

  C. $x^2+x+3=0$ D. $x^2+2x-1=0$

3.一元二次方程 $x^2-px+q=0$ 的两个根为 3,-4,那么二次三项式 x^2-px+q 可分解为(　　)

  A. $(x-3)(x+4)$ B. $(x+3)(x-4)$

  C. $(x-3)(x-4)$ D. $(x+3)(x+4)$

4.关于 x 的一元二次方程 $x^2-mx+2m=0$ 的一个根为 1,则方程的另一根为_____。

5.三角形的每条边的长都是方程 $x^2-6x+8=0$ 的根,则三角形的周长是_____。

设计分析

通过简单的练习来让学生快速应用回顾,加深理解。引导学生回顾本章知识点,展示本章知识结构图,使学生系统地了解本章知识点以及其之间的关系。

题目设置

1.(1)方程 $(m+1)x^{m^2-2m-1}+7x-m=0$ 是一元二次方程,则 m 的值是多少?

(2)若关于 x 的一元二次方程 $(m-1)x^2+5x+m^2-3m+2=0$ 的常数项为 0,则 m 等于(　　)

  A. 1   B. 2   C. 1 或 2   D. 0

2. 用适当的方法解一元二次方程。

(1) $x^2 = 3x$;

(2) $(x-1)^2 = 3$;

(3) $x^2 - 2x - 99 = 0$;

(4) $2x^2 + 5x - 3 = 0$。

3. 若 $(x^2+y^2)^2 - 4(x^2+y^2) - 5 = 0$，则 $x^2+y^2 =$ _____。

4. 若关于 x 的一元二次方程 $kx^2 - 2x - 1 = 0$ 有两个不相等的实数根，则 k 的取值范围是（   ）

  A. $k > -1$ B. $k > -1$ 且 $k \neq 0$

  C. $k < 0$ D. $k < 0$ 且 $k \neq 0$

5. 某商场将销售成本为 30 元/个的台灯以 40 元/个的价格售出，平均每月销售 600 个。市场调查表明：这种台灯的售价每上涨 1 元，每月平均销售数量将减少 10 个。若销售利润率不得高于 100%，那么销售这种台灯每月要获利 10 000 元，台灯的售价应定为多少元？

设计分析

此环节考查学生对一元二次方程概念的理解，此时要注意二次项系数不为 0，在讨论含字母系数的一元二次方程问题时，要考虑二次项系数不为零的情况；考查灵活运用直接开平方法、配方法、公式法、因式分解法解一元二次方程；考查一元二次方程的解法，要根据方程的特点，灵活选用具体方法；考查对于特殊的方程要利用整体思想，通过适当地变换，使之转化为常规的一元二次方程；考查学生能运用一元二次方程的根的判别式判定方程的根的情况；考查学生构造一元二次方程解决简单的实际问题。

评价设计

1. 关于 x 的一元二次方程 $(a-1)x^2 + x + |a| - 1 = 0$ 的一个根为 0，则实数 a 的值为（   ）

  A. -1 B. 0   C. 1   D. -1 或 1

2. 已知关于 x 的方程 $x^2 + (2k+1)x + k^2 - 2 = 0$ 的两个实数根的平方和等于 11，则 k 的值为 _____。

3. 某汽车销售公司 6 月份销售某厂家汽车，在一定范围内，每辆汽车的进价与销售量有如下关系：若当每月仅售出 1 辆汽车，则该汽车的进价为 27 万元;每多售出1辆,所有售出的汽车的进价均降低0.1万元/辆,月底厂家根据销售量一次性返利给销售公司,销售量在10辆以内(含10辆),每辆返利0.5万元;销售量在10辆以上,每辆返利1万元。

(1)若该公司当月售出3辆汽车,则每辆汽车的进价为＿＿＿＿万元;

(2)如果汽车的售价为28万元/辆,该公司计划当月盈利12万元,那么需要售出多少辆汽车?

设计分析

学生自主完成,同伴助学,互相讲解。本环节设置的目的是巩固强化并提升学生解决问题的能力,进一步体会建模思想。第1题学生可能考虑不到二次项系数不为零的情况,教师加以引导即可。第2题学生可能在解复杂的二元一次方程时存在困难。第3题学生可能在理解题意、寻找等量关系并转化为方程时存在问题。教师引导学生找到本题的等量关系:盈利＝销售利润＋返利。

通过大量的前期积累,学生在总结本单元知识后,能够通过简单的练习,将其进行应用,再通过一组评价练习,巩固本章知识,同时巩固强化并提升解决问题的能力,进一步体会建模思想,体现出教学评的一致性。

(五)代数模型的综合应用

目标设计

1. 让学生经历分析、归纳等思维过程,结合实际的生活背景建立适当的数学模型。

2. 提高学生利用数学知识解决问题的能力,进一步体会方程、不等式、函数是刻画现实世界中数量关系的重要模型。

3. 培养学生的应变能力、参与意识以及与他人合作交流的能力,在交流中提升自己。鼓励学生建立学好数学的自信心,争取在数学活动中获得成功的体验。

评价设计

1. 甲、乙两厂加工同一种零件,甲厂每天加工的数量是乙厂每天加工数量的1.5倍,若两厂各加工600套这种零件,甲厂比乙厂少用5天。

(1)求甲、乙两厂每天各加工多少套这种零件?

(2)某商店购进甲厂加工的这种零件进行销售,已知每套零件的进价为300

元,经调查发现,这种零件每天的销售量 y(套)与销售单价 x(元)之间满足一次函数关系,其图像如图所示。

①求该零件每天的销售量 y(套)与销售单价 x(元)之间的函数关系式;

②求该零件每天的利润 w(元)与销售单价 x(元)之间的函数关系式。

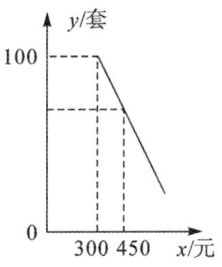

2. 某商店购进甲厂加工的这种零件进行销售,已知每套零件的进价为 300 元,经调查发现,得到如下数据:

销售单价 x(元/套)	300	350	400	450	…
每天的销售量 y(套)	1 000	900	800	700	…

已知这种零件每天的销售量 y(套)与销售单价 x(元)之间满足我们学过的某种函数关系。求该零件每天的销售量 y(套)与销售单价 x(元)之间的函数关系式。

3. 某商店购进甲厂加工的这种零件进行销售,已知每套零件的进价为 300 元。经调查发现,当销售单价为 400 元时,销售量为 800 套,销售单价每上涨 10 元,销售量就少 20 套。

(1)求该零件每天的销售量 y(套)与销售单价 x(元)之间的函数关系式;

(2)当销售量为 500 套时,销售单价是多少元? 当销售量不低于 600 套时,销售单价最多为多少元?

设计分析

学生课前完成,使学生明确解决此问题所使用的代数模型,并且引导学生学会借助表格分析问题,找到量与量之间的关系,从而确定模型的方法。引入第 1 题,考查学生从图像获取一次函数表达式的能力,使学生体会函数是反映两个变量之间关系的重要模型。引入第 2 题,让学生感受函数的第二种表示方法,通过此题渗透利用表格判断函数类型的方法,并且强调检验。引入第 3 题,让学生感受函数的第三种表示方法,再一次强调分析问题的方法,关注与题目有关的量,以及量与量之间的关系,借助表格表示各种量,找到函数关系式。另外,让学生进一步理解如何抓住题目中的关键词,建立合适的代数模型。教师提炼、板书,形成知识框架,让学生更加直观地感受模型之间的关系。

题目设置

在疫情防控期间,市民对医用口罩的需求越来越大,某药店在进货时发现,若购进 600 个 A 型口罩和 700 个 B 型口罩共花费 3 300 元;若购进 300 个 A 型口罩和 400 个 B 型口罩共花费 1 800 元。如果每个 A 型口罩的进价为 m 元,售价为 x 元。

(1)求 A 型、B 型口罩每个进价分别为多少元?

(2)请你从以下 4 个条件中任意选取一个或多个条件,根据所选的条件,提出问题并解决。

①A 型口罩销售单价为 3 元时,每天可卖出 400 个;销售单价每上涨 0.1 元,每天就少卖 10 个;

②A 型口罩每天销售量不少于 300 个;

③A 型口罩每个利润率不低于 50%;

④A 型口罩每天获得利润 400 元。

(1)选择条件:＿＿＿＿＿＿＿＿＿＿＿＿

提出问题:＿＿＿＿＿＿＿＿＿＿＿＿

解答过程:＿＿＿＿＿＿＿＿＿＿＿＿

(2)选择条件:＿＿＿＿＿＿＿＿＿＿＿＿

提出问题:＿＿＿＿＿＿＿＿＿＿＿＿

解答过程:＿＿＿＿＿＿＿＿＿＿＿＿

设计分析

此环节设计为开放性题目,教师仅提供题目条件,由学生任意选择、组合、提出问题。本题开放度较高,预设学生会遇到困难。开始先由教师与学生一起梳理每个条件涉及的量有哪些?利用前期铺垫的表格表示出所有已知的量,让学生感受到未知的量就是可以提出问题的方面。本环节在梳理条件之后,让学生先独立思考,再在小组内充分进行交流。在交流过程中,提出有效问题,教师引导学生突破难点问题,厘清解题思路,对代数模型的理解得到进一步的提升。

通过前面的教学目标的引导,教学环节的层次递进,通过对应的学习评价,进一步巩固学生的综合素养,体现出教学评的一致性。

(六)整式的乘除复习课

学生在这一章中了解了幂的运算性质,理解了整式乘除法的运算法则,运用所学知识解决了一些相关的实际问题。但这一章的运算法则较多,公式也容易混淆,学生对这些知识的理解缺乏整体认知,尚未形成体系。在学习整式乘除法的过程中,学生经历了许多数学活动,积累了一定的经验,但缺乏综合运用知识解决较复杂问题的经验,需要进一步提高逻辑思维、语言表达能力和合作解决问题的能力。

目标设计

1. 熟练运用幂的运算法则、整式乘除法进行运算。
2. 培养学生的符号感和应用意识,提高应用代数意识和方法解决问题的能力。
3. 在合作学习中提高学生交流的能力和数学表达能力,感受数学与现实生活的密切联系,增强学生的数学应用意识。

第三节 基于教学评一致性的单元教学效果分析

一、对比目标,分析单元授课后达成度存在偏差的原因

基于教学评一致性的要求,要想知道教学目标的达成度、评价的准确性、活动的有效性以及学生数学核心素养的培养情况,我们需要非常重视单元教学对学生的学习评价情况,要针对评价进行分析。学生之间存在差异,在评价过程中也应采取不同标准的评价基础。学生数学能力的提升,离不开教师细致教学,教学过程应以主要教学目的为主,实现高效教学。经过对97份测试卷的统计和成绩分析,实验班学生的成绩明显要好于对照班,说明单元教学是有一定的教学成果的。但对于部分知识点的掌握,无论是实验班还是对照班,两个班的学生还是有相似的问题,因此对题目以及出错情况进行分析,从而再次调整教学目标、评价和教学活动,就显得非常必要。为方便阅读,我们选取了测试卷中出错率较高的13道题目,通过复习课的形式进行了指导。依据考点重新排

列顺序,统一了题目序号,并在每个考点后面统一分析了学生的出错原因和解决办法。

考点一:直角三角形

1. 下列能构成直角三角形三边长的有( )
①3,4,5;②$3^2$,4^2,5^2;③0.3,0.4,0.5;④10,13,16。

2. 若 M、Q 是 ZD 上两点,$ZX=CD$,且 $ZX \perp CD$,已知 $CM \perp ZD$,$XQ \perp ZD$。若 $CM=12$,$XQ=5$,$ZD=13$,则 MQ 的长为_____。

错因分析:此考点考查了学生分类讨论的数学思想能力,目的在于培养学生逻辑推理的核心素养。第 1 题错误率 20.6%,主要集中在第②项,学生看到后误判为"3,4,5"这组勾股数,而忽略了平方运算后的这组数并不满足要求。提醒学生以后做题时一定要把题目中的数字都转化成最终结果,再进行判断。第 2 题错误率 32%,典型的勾股定理使用逆定理的类型题,因为平时练习得比较多,学生达标率与预期一致。做题的关键还是先分析题目中各条件,再进行解题。通过对这两道题的评价,对学生的学习问题有了准确了解,学生因年龄限制,对问题的思考并不成熟,实验班的学生虽是采取了有效的教学形式,但思想方面的提升依旧需要引导,与对照班学生的学习情况差别不大,教师教学时应关注学生身上的数学问题,避免学生在学习过程中积累的问题越来越多,影响数学教学质量的提升。

考点二:等腰三角形

3. 已知一个等腰三角形的外角为 $123°$,则这个等腰三角形的顶角度数为_____。

4. 在 $\triangle EFG$ 中,若 $EF=EG$,$\angle F=72°$,则 $\angle E$ 的度数是_____。

5. 一个三角形,它的两边长分别为 5.9 cm,9.7 cm,并且已知此三角形为等腰三角形,则它的周长为_____ cm。

6. 一个三角形的一条边长为 5 cm,另一条边长为 12 cm,并且已知此三角形是等腰三角形,那么它的周长为_____ cm。

错因分析:新课标教学理念在数学教学中实施以来,对教师提出了更高的教学要求和教学目标。为满足上述要求,在教学中注重对学生核心素养的培养是各科教师都在关注的问题。因此,设计此考点考查了学生的数形结合、分类讨论的数学思想能力,目的在于培养学生直观想象的核心素养。第 3 题错误率 17.5%,在平时练习时强调的次数比较多,因此忘记分类讨论导致出错的学生不算太多,个别学生没有仔细读题,把123°错看为内角,直接把123°作为结果写了上去,这是平时教学时不常见的错误。第4题错误率为37.1%,出错原因主要是受第3题潜意识的影响,没有分析题目就自作主张分两类讨论了∠F为顶角还是底角,并没有意识到题目给出两边相等这个条件的目的,就是为了区分腰和底。第5题错误率28.9%,恰好两种情况都可能出现,很多学生在初次做题时就能考虑到。此题出错原因主要是计算错误。第6题与第4题的错因类似,虽然有两种情况需要讨论,但是经过验证第一条边的两倍要小于第二条边,故第一条边不可能为这个等腰三角形的腰,这是很多学生第一次遇到时不能够排除的。在数学学习中,除了计算错误,最主要的原因就是学生对题干的理解不仔细,针对这一问题,在教学中教师要注重对学生阅读题干能力的训练,提升其理解问题的能力,避免因问题理解不当出现错误。学生因为计算出现的问题,就要对其计算能力进行训练,提高解题的准确性和效率。

考点三:线段的垂直平分线

7.下列命题中真命题的个数(　　)

①如果等腰三角形内一点到底边两端点的距离相等,那么过这点与顶点的直线必垂直于底边;②如果把等腰三角形的底边向两个方向延长相等的线段,那么延长线段的两个端点与它顶点的距离相等;③等腰三角形底边中线上一点到两腰的距离相等;④等腰三角形高上一点到底边的两端点的距离相等。

A.1　　　　　　B.2　　　　　　C.3　　　　　　D.4

8.到平面上任意三点 A、B、C 距离相等的点(　　)

A.只有一个　　　　　　B.有两个

C.三个或三个以上　　　　　　D.一个或没有

错因分析:此考点考查了学生数形结合的数学思想能力,目的在于培养学生直观想象的核心素养。由此可让学生知道在做题时不仅需要准备这道题表面上考察的知识点,还需要综合多条知识。数学问题中经常会出现"陷阱",一些学生在思考问题时,对问题的思考较为细致,能准确地发现"陷阱",解决问题的能力较强,而一些学生对问题的信息提取并不完全,导致在解题过程中忽略关键信息。因此,提升综合问题信息能力是学生应掌握的解题基础,只有足够熟练才能顺利完成。在上述问题实践中,对学生解题过程中存在的问题已经有所了解,加强对学生数学知识运用能力和问题理解能力的提升是教学关键。如何实现这一目标,设计能有效训练的数学题,在训练难度和内容上不应超过学生数学思维太多,也不能低于学生思维,避免训练过程不能满足实践需求,这给教师提出了难题。攻破这一难题,对提升数学教学效率有着重要的推动作用。

考点四:角平分线

9. 点到直线的距离:由这点向直线引_____,这点到垂足间线段的_____叫做这点到直线的距离。

10. 角平分线性质定理:角平分线上的点到_____的距离相等。

错因分析:此考点考查了学生的数学思想能力,目的在于培养学生逻辑推理的核心素养。这是关于角平分线性质的最基本的题型,却有部分学生对知识点的掌握不够理想,导致步骤过于复杂。虽然能得出答案,但浪费了大量的时间,使用方法过于基础,没有做到新旧知识的融合。针对这些问题,教师在教学中,要根据新知识特点找出相关联的旧知识,做好新旧知识的连接,拓展数学认知,为学生数学能力的提升做好铺垫。

二、基于教学评一致性的单元教学思考

在单元教学实践过程中,我们需要经常反思、思考。笔者在教学实践时,分别从以下几个方面进行了思考。

(一)学情分析中需要思考的内容

1. 学生目前掌握了什么? 2. 学生对于即将要学习的知识,是否感兴趣? 3. 学生是否对学习内容有一定的好奇心及兴趣? 4. 学生的前认知水平?

(二)《标准》分析中需要思考的内容

1.《标准》的具体要求是什么? 2. 学生需要训练怎样的思维? 3. 要培养学生哪方面的数学核心素养?

(三)教材分析过程中需要思考的内容

1. 教学使用的是什么教材? 2. 该教材包含哪些内容? 3. 该教材到底要让学生学会什么? 4. 同一教材不同的学习方式会得到怎样不同的学习结果? 5. 如何处理这些教材使之能适合学生? 6. 如何组织这些教材使之形成一定的逻辑结构?

(四)题目设计中需要思考的内容

1. 要如何针对教学目标,设计合适的题目? 2. 设计什么样的题目,比较容易进行评价? 3. 设计的题目如何体现学生思维的进阶性? 4. 针对反复练习的题目,如何设计变式? 5. 设置教学目标、学习评价和学习环节时,如何体现教学评一致性? 6. 评价学生时如何更加生动有效? 7. 如何让学生整体把握单元学习?

要想解决这些问题,基于教学评一致性的备课是教学活动中不可或缺的环节,若备课充分,能够激发学生学习兴趣以及调动学生的学习积极性,从而提高课堂教学效果。在备课中,先去了解教学重点内容和中心内容,去学习一些有经验教师的教学方法,将其与学生学习情况相结合,采取恰当的评价形式,去了解学生学习情况反馈、数学思维基础和对知识点的理解能力,为之后的数学教学设计提供基础,逐渐优化自身的教学能力。

基于大概念的单元教学内容理解与教学思考,其实就是用相似的方式方法解决不同的问题,总而言之就是要学会归纳。要研究大概念内容的理解与教学,先分析清楚某一项的详细内容,解读构架,并比较相关知识的相同点进行归纳,提炼方法与渗透核心素养。数学知识之间存在一定共性和连接,教材中的内容对知识点进行分散处理,在学生能接受的情况下递进进行,避免知识点总结到一起影响学生思维认知,打击学习自信心。若学生对数学知识的构建存在一定难度,则需要教师在教学中对知识点进行总结归纳,将新旧知识相结合,形成知识关系网,提升数学教学质量。作为数学教师,不应该把课堂仅仅定位在顺利完成教学目标,单一的教学形式并不能提升学生对知识的掌握,还会导致完成教学目标相对片面,综合能力提升不高。因此,在设计的各种数学探究活动中还应该渗透深度学习的思想,培养学生的数学思维运用能力,提升数学知识运用技巧,让学生在学习新知识的同时继续挖掘其中隐含的内容,真正做到学中有思、学中有悟、学中有得。达到这一目标,需要师生之间相互配合,在教学中,教师尊重学生的数学思维方式和学习特点,学生认真学习教师的教学内容,师生共创和谐教学课堂,实现数学教育的发展。为了在课堂中有效落实学生的单元整体学习意识,要求教师除了平时认真备课、设计教学环节让学生尽可能多地思考外,还要善于挖掘深层次的知识,让学生在新知识的基础上进一步养成深入思考、自主分析、合作探究的习惯,从而得到更全面的发展。教师要以学生思维为基础进行,尽可能地为学生提供较多的思考空间,提升学生自身的思考能力。

第四节 初中数学单元结构化教学模式的理论构建

在教学设计的过程中,教师将教育部门提出的新课标新理念和学生的学习特点进行有机结合,对教学内容进行细致分析,找出其中的教学重点和教学目的,并进行有序安排,对其进行合理高效的教学设计,从而制定符合教学理念和学生特点的教学方案和教学计划。这种教学内容基本包含了教学目标、教学重难点、教学方法、教学步骤与时间分配等教学环节。单元在教学过程中作为课程的教学枢纽,单元设计是教学设计中较为重要的一项教学环节,其教学内容设计一定要符合新课标中教学设计的基本原则。并且在单元设计的过程中,为了确保教学内容普遍适用于各个层次的学生,在教学设计的过程中应以设计的关键流程为基础,使设计的单元设置符合教材内容以及教学要求。但单元设计并不是简单的小课时教学设计,其内容比单课时的教学设计更系统,更具有逻辑性,涵盖的内容也更广泛。因此,要在设计过程中对设计的内容进行相应的环节划分,我们将单元设计的流程分为七个环节:单元整体规划、单元目标分析、单元教材教法分析、单元活动设计、单元资源整合、单元作业设计、单元评价设计。教师在单元设计过程中将七个环节设计成闭环,让其"以终为始",相辅相成,在教学中将单元教学内容中的各个小点进行整合划分,能让学生笼统记忆,也能单独运用,提升学生对教学学科内容的学习掌握能力,从而实现教育教学的长期发展目标,为单元整体教学探究提升奠定坚实基础。

一、规划先于教学

教师在进行单元规划时,应将新课标和学生的学习特点进行有机结合,进而选择符合这二者的教学内容进行单元规划,从而实现合情合理的单元规划,提升教学的有效性和逻辑性。

1.对现阶段的初中数学教学内容进行分析。新课标教学理念在其中的运用所呈现的知识点分为五大模块:数与运算、方程与代数、图形与几何、函数与分析、数据处理与概率统计。在初中数学教材中,每册教材中的章节内容主要是针对其中一个教学主题进行总结,方便教师对此进行重点划分和课堂讲解。教师在实行单元整体教学的过程中,应根据教材中不同章节的教学内容,进行相应的理解分析,将教材中的章节重新划分成各教学单元,并对划分的教学单元进行相应的教学设计,从而提升单元整体教学的教学作用。

2. 针对初中学生在数学发展学习过程中的需求分析。由于初中数学教材中的教学内容有一定的差异,学生在建立相应的知识框架过程中,知识内容之间的逻辑关系和关联性质也会不同。针对这一问题,教师在创建单元整体教学的过程中,需要打破教材中各章节之间的局限,针对学生的学习需求和思维形式进行相应的知识框架重建,引导学生梳理数学知识,以数学方法或数学思维为主线设计单元。例如,初中数学在学习一次函数后进行了反比例函数教学,在之后又进行了二次函数教学,我们知道正比例函数是特殊的一次函数,它们在解析式、函数性质、函数图像等方面都存在密切的关系。因此,教师在教学的过程中可以突破教材章节,创建一种新的知识框架,将正比例函数与一次函数结合建立单元设计教学,从而将相关联的教学内容进行连接,引导学生创建相应的知识体系和知识框架,让学生更系统地理解"由特殊到一般"的数学,感悟类比的思想方法,提升学生对数学知识的学习认知,厘清学生的数学关系网,提升学生的数学素养。因此,教师在进行教学前应先将新课标教学理念融入课堂教学过程中,对其将教学的数学内容进行有效合理的划分,梳理知识点,创建相应的单元教学框架,进而实施相对应的课堂教学,提升教学的有效性和合理性,符合学生的数学认知,提升学生的数学基础。

以"探索与表达规律1"为例,本节课是北师大七年级上第三章第五节的第一课时,从学习内容上说,学生已经学习了"用字母表示数""列代数式""去括号""合并同类项"等知识。本节内容不仅能让学生综合应用前面所学的知识,还能让其对这些知识进行拓展与延伸,在学生的数学建模经验中发挥重要的作用。学生通过前面知识的学习,初步具备了语言表达能力和符号意识能力。从学情上说,学生的学习方式随着基础教育课程改革的不断深入发展,得到了根本性的转变,主要表现在学生的计算机应用水平有所提高,课堂上的参与意识明显增强,发言活跃且更加自信。与过去相比,学生的认知水平和数学思维也得到了明显提高。

日历是生活中常见的工具,本节课首先以日历为背景,让学生在日历中寻找不同的规律,通过小组合作和自主探究感受规律的多样性,进而尝试用字母表示一般规律,并借助运算进一步验证该规律,让学生经历由特殊到一般和由一般到特殊的过程。通过将问题进一步延伸,激发学生的探究兴趣,同时也有助于培养学生提出问题的意识。

教学目标

(1)经历由特殊到一般和由一般到特殊的过程,体会代数推理的特点和作用。
(2)能用代数式表示,借助代数式运算验证所探索的规律的一般性。
(3)培养学生的观察能力、动手能力、创新能力以及交往协作能力,并提高其分析问题和解决问题的能力。

教学过程

情境引入

师:探索规律是数学学习的一个重要内容,也是今后学习方程、函数等内容的基础,今天这节课我们就一起学习探索与表达规律。日历是我们生活中常见的工具,下面我们一起来探索日历中的规律。

星期日	星期一	星期二	星期三	星期四	星期五	星期六
						1
2	3	4	5	6	7	8
9	10	11	12	13	14	15
16	17	18	19	20	21	22
23	24	25	26	27	28	29
30	31					

师:观察日历,你发现了什么规律?
生:日历中每一横排每相邻的两个数相差1。
师:很好!那横排相邻3个数的和与中间数有什么关系呢?
生:横排相邻3个数的和是中间数的3倍。
师:是不是日历中横排的数都符合这个规律呢?我们来找几组数验证一下吧!

学生验证后齐答:是的!

师:大家观察得很对!那日历中上下相邻的两个数相差几?

生:日历中上下相邻的两个数相差7。

师:对!那竖排相邻3个数的和与中间数有什么关系?

生:竖排相邻3个数的和是中间数的3倍。

师:是不是日历中竖排的数都符合这个规律呢?我们来找几组数验证一下吧!

学生验证后齐答:是的!

师:大家观察得很对!日历中其实蕴含了很多的规律,等着我们继续去发现。

探究新知

星期日	星期一	星期二	星期三	星期四	星期五	星期六
						1
2	3	4	5	6	7	8
9	10	11	12	13	14	15
16	17	18	19	20	21	22
23	24	25	26	27	28	29
30	31					

师:日历中深色方框中九个数的和与该方框正中间的数有什么关系呢?

生:深色方框中九个数的和是中间数的九倍。

师:算得又快又准!这个关系对其他这样的方框成立吗?(教师拖动方框与学生一起验证)

生:是的,日历中这样的九个数的和都是中间数的九倍。

师:那这个关系对任何一个月的日历都成立吗?

生:是的!

师:这是为什么呢?难道日历中隐藏着魔法吗?你能用代数式解释这个规律吗?

生:我们可以设中间数字为a,那么它左边的数字就可以表示为$(a-1)$,右边的数字就可以表示为$(a+1)$,上面的数字就可以表示为$(a-7)$,下面的数字就是$(a+7)$,左上角的数字就是$(a-8)$,右上角的数字就是$(a-6)$,左下角的数字就是$(a+6)$,右下角的数字就是$(a+8)$,这九个数加起来的和就是$9a$,也就是中间数a的9倍。

师:解释得非常详细!其实我们只需要运用字母表示数把方框中的九个数表示出来,再用合并同类项、去括号等运算化简这九个数的和即可。

如果日历中这样的九个数和为 81,那么这九个数分别是多少?

生:根据刚才我们发现的规律,这样的九个数的和是中间数的九倍,如果它们的和是 81,那么中间数就是 81 除以 9,等于 9。那么它左边的数是 8,右边的数是 10,上面的数是 2,下面的数是 16,左上角的数 1,右上角的数是 3,左下角的数是 15,左下角的数是 15,右下角的数是 17,因此,这九个数分别是 1、2、3、8、9、10、15、16、17。

师:看来大家已经能够熟练运用我们找到的规律了!那么这九个数的和可能是 98 吗?可能是 225 吗?

生:98 是不能被 9 整除的,因此 98 除以 9 并不是整数,而日历中的数都是整数,这就说明日历中这样的九个数的和是不可能等于 98 的。

生:我们用 225 除以 9,得到中间数是 25,下面的数是 32,右下角的数就是 33,但是日历中没有 32 和 33,因此日历中这样的九个数的和是不可能等于 225 的。

师:研究了日历中的九宫格,下面我们看看如果将方框改为"十字"形框,你能发现什么规律吗?

星期日	星期一	星期二	星期三	星期四	星期五	星期六
		1	2	3	4	5
6	7	8	9	10	11	12
13	14	15	16	17	18	19
20	21	22	23	24	25	26
27	28	29	30			

"十字"形

星期日	星期一	星期二	星期三	星期四	星期五	星期六
		1	2	3	4	5
6	7	8	9	10	11	12
13	14	15	16	17	18	19
20	21	22	23	24	25	26
27	28	29	30			

"H"形

星期日	星期一	星期二	星期三	星期四	星期五	星期六
		1	2	3	4	5
6	7	8	9	10	11	12
13	14	15	16	17	18	19
20	21	22	23	24	25	26
27	28	29	30			

"M"形

生:"十字"形框中五个数的和是中间数的 5 倍。

师:真棒!你还能设计其他形状的包含数字规律的数框吗?

学生通过小组合作完成后展示探究成果。

归纳提炼

师:下面来回顾一下刚才的探究过程。我们先从特殊的情况入手,在日历中选取了几个九宫格,通过观察猜想出其中蕴含的规律,然后我们通过字母表示数和代数式的运算验证了这个一般的规律,最后我们将发现的这个规律运用到具体的问题中,解决了和为 98、和为 225 等特殊的问题,这就是我们从特殊到一般,又从一般到特殊的思想方法的应用。

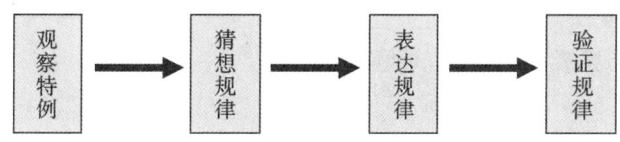

图 6.1　归纳提炼

变式训练

同学们,你们学会了吗?下面我们来做一道题检验一下。

(1)观察这个数框,十字框中的五个数之和与中间数 15 有什么关系呢?

(2)设中间数为 a,如何用代数式表示十字框中五个数之和?

(3)若将十字形框上下左右移动,可框住另外五个数,这五个数还有上述的规律吗?

(4)十字形框中的五数之和能等于 2015 吗?能等于 2019 吗?

1	3	5	7	91
11	13	15	17	19
21	23	25	27	29
31	33	35	37	39
		……		

开拓思维

师:刚才我们利用"从特殊到一般"与"从一般到特殊"的数学思想方法探究了日历中的规律,下面我们用它来探究图形中的规律。

1. 按下列方式用棋子摆正方形。

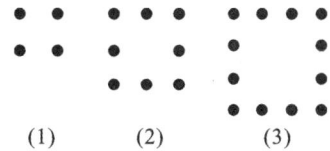

(1)　　　(2)　　　(3)

(1)填写下表

图案编号	(1)	(2)	(3)	…
棋子个数	4	8	12	…

(2)摆第 100 个图案需要_____颗棋子；

(3)摆第 n 个图案需要_____颗棋子。

2.用棋子摆成以下图案，并填写表格。

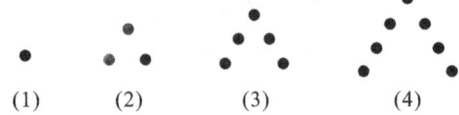

(1)   (2)   (3)   (4)

(1)填写下表

图案编号	(1)	(2)	(3)	(4)	…
棋子个数	1	3	5	7	…

(2)摆第 100 个图案需要_____颗棋子；

(3)摆第 n 个图案需要_____颗棋子。

学以致用

按下图方式摆放餐桌和椅子，照此方式继续排列餐桌，

(1)摆 4 张桌子可坐_____人；

(2)摆 n 张桌子可坐_____人；

(3)摆 10 张桌子可坐_____人。

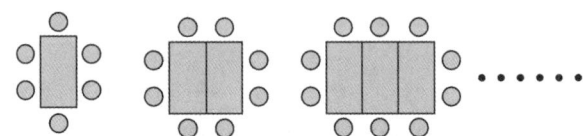

归纳总结

师：通过本节课的学习，你有什么收获？

学生根据教师的板书，通过交流与回顾，总结本节课的收获。

教学反思

从课堂实际情况来看，本节课教学效果很好，达到了预期的教学目标。

由于日历是生活中常见的工具，教师让学生在日历中寻找不同的规律，通过小组合作和自主探究感受规律的多样性，进而用字母表示一般规律，并借助运算进一步验证该规律，让学生经历由特殊到一般和由一般到特殊的过程。这

种处理，不仅激发了学生学习数学的兴趣，同时也激起了学生自主参与的主动性和积极性。通过将问题进一步延伸，激发了学生的探究兴趣，同时也有助于培养学生提出问题的能力。

整节课体现了以学生为本，让其自主探究的教学意识。教师作为引导者，放手让学生进行自主探究、合作交流、归纳小结，学生自始至终参与观察、分析、思考、归纳、猜想、判断、验证数学规律的全过程，丰富了数学活动体验，提高了问题探究意识和解决问题的能力。

为了巩固所学内容，进一步加强"从特殊到一般"与"从一般到特殊"思想的应用，本节课还设计了探究图形中的变化规律这一内容，让学生明确了解数形结合的数学思想为我们解决问题提供了新的角度。

"从特殊到一般"与"从一般到特殊"的思想看似平淡无奇却又无处不在，它是数学来源于生活，又运用于生活的体现。教师应作为合作者和引导者，设置有梯度的问题，为学生提供足够的空间，引导学生充分参与并体会"从特殊到一般"的数学知识的归纳形成过程以及"从一般到特殊"的数学知识的验证应用过程，启发学生更好地思考，从而更好地培养学生的思维能力和数学核心素养。

在以往的初中数学课堂教学过程中，教师没有单元意识，在设计教学内容时只是根据一课时的内容进行教学设计，这种教学形式忽略了初中数学教学知识点的相互关联性，对学生数学思维的发展规划不够合理。例如，在课堂教学引入环节中，一些教师想丰富课堂内容，提升课堂教学活跃性，对教学内容的引入多采用情境形式。这样的教学形式让整堂课教学效果看似不错，学生参与程度较好，但是对学生来说，本堂课的教学方式让学生只学到了教材上的一个小知识点，学生对数学知识整体框架的建立并不理想，而且教师并未能在教学中将本堂课的教学内容与之前学过的知识体系进行相互连接，没能建构出完整的知识框架，学生本拥有的数学基础知识框架未能在这一堂课上进行建构和再建构。因此，教师对本堂课的知识点讲解得不够透彻，学生未能理解知识点的本质和归属，导致其无法将知识进行有效迁移。另外，很多教师会在一个章节教学结束后针对本章的教学内容开展复习课，在复习过程中引导学生将本章教学内容的知识点进行串联，以致错过了学生最佳的梳理构建时期，这种教学形式在很大程度上降低了学生对教学内容的梳理和消化的效率。所以，教师在教学过程中应把对教材中的知识进行梳理建构放在实际教学之前，并基于构建的单元设计再进行之后各小点的教学设计。

二、三位一体落实单元备课

初中数学单元整体教学的过程研究指出,教师在初中数学单元教材教法分析过程中,应以新课程理念的教育教学目标为基础,围绕其教学理念进行教学设计,对教材中的教学单元进行详细划分,并对其中的教学内容进行相应的教学划分,在完成对一个单元的规划后,就对这一单元的教学小点进行研究,对教材编排的意图和教学作用进行理解,掌握教学目标、知识分布框架形式和教材对学生教学的核心思想,对学生的学习情况也进行相应的了解,将这几点教学基础进行结合,并采取符合教学需求的教学形式进行教学,从而提升课堂教学效率,培养学生的数学素养。教师在对教学思想和教学形式进行分析设计的过程中要注重对其教学单元的结构设计,明确单元教学中的教学关系,要注重对教学内容的整体构建,提升建构内容的整体性,在建构的同时也要关注基础知识、基本技能、基本数学方法,避免学生对知识点掌握不牢靠的问题。教师对初中数学教材教法和教学内容的分析质量直接影响教师进行单元教学活动的设计高度和教学质量,也对学生对数学知识的掌握效果有一定的影响。

以北师大版八年级上"一次函数"单元复习为例,从教材上看,学生在学习了七年级下"变量之间的关系"和八年级上"确定位置"的基础上,通过对"一次函数"的学习将进一步提升抽象能力和建模意识,遵循循序渐进、螺旋上升的原则,注重函数建模过程,降低函数抽象图形分析的难度,并将一元一次方程、一元一次不等式与一次函数相融合,也为后续学习其他函数问题,在方法和结构层面做了铺垫。从学情上看,在大单元整体教学模式下对本单元进行复习设计,通过大量的贴近生活的实例,利用列表法、关系式法和图像法等呈现了变量之间的对应关系,也让学生充分感受到学习变量关系的必要性。同时,在运用一次函数解决实际问题时,由于考虑的面比较广,对部分学生来说有一定的困难,需要选择适当的方法给予引导、突破。从教法上看,学生自主探索、整理,师生共同归纳、总结与提升,能更好地调动学生的学习积极性和参与度,进而增强学习数学的信心,提升思维能力,更有利于后续利用数学模型解决各种问题。

主要教学设计过程如下:

表 6.6 教学设计过程

教学环节	教师活动	学生活动	设计意图
课前两分钟 一、梳理函数知识结构	同学们已经自主复习了一次函数相关知识,下面请同学们展示自己的课前复习成果(思维导图) 1. 教师课前收思维导图,捕捉半成品,加工。 2. 引导 (1)什么是函数?函数表示方法有哪些?这些方法都表示了函数两个变量之间的关系,都有哪些关系? (2)正比例函数和一次函数有什么关系? 3. 有条理地梳理知识体系。	预设: 1. 不能将知识进行结构化呈现,只是简单地罗列。 2. 函数图像中变量关系不清晰。 3. 正比例函数与一次函数的关系。	让学生对本章知识进行系统梳理,助力学生知识结构化及知识的二次生成。
二、以 $y=-2x+3$ 为例,探究函数图像相关性质	刚才我们共同梳理了一次函数的相关知识,一次函数还与哪些知识有联系? 下面我们共同探究,以一次函数 $y=-2x+3$ 为例。 1. 请你先画出这个函数的图像。 2. 再根据思维导图和本章解决过的问题,利用关系式 $y=-2x+3$ 和它的图像,提出一些你能解决的问题,并尝试解决。 | 问题1 解决方案:	问题2 解决方案: | | --- | --- | | 问题3 解决方案: | 问题4 解决方案: | | 问题5 解决方案: | 问题6 解决方案: | 3. 我们一起来归纳总结一下它们之间的联系。 4. 补充完善知识体系。	预设: 1. 画图:两点法(多数)、平移法(极少)。 2. 一次函数、正比例函数概念的识别。 3. 图像增减性、取值范围(一元一次不等式)。 4. 图像与 x 轴、y 轴(坐标轴)的交点(一元一次方程)。 5. 图像与坐标轴所围成的三角形面积。	先从绘制函数图像入手,使学生联系所学知识,提出问题,既培养学生发现问题的能力,又提高了解决问题的能力,从中激发学生自主学习的兴趣,最终形成牢固的知识体系。

(续表)

教学环节	教师活动	学生活动	设计意图
三、运用单元知识间的联系解决问题	1. 快速判断： (1)下列函数①$y=\pi x$　②$y=2x-1$　③$y=\dfrac{1}{x}$　④$y=2^{-1}-3x$　⑤$y=x^2-1$中，是一次函数的有(　) 　A. 4个　B. 3个　C. 2个　D. 1个 (2)若函数$y=-2x^{m^2-3}+(m-2)$是正比例函数，则m的值是_____。 (3)直线$y=kx+b$经过一、二、四象限，则k、b应满足(　)。 　A. $k>0,b<0$　　B. $k>0,b>0$ 　C. $k<0,b<0$　　D. $k<0,b>0$ ※(3)如下图，同一坐标系中，直线$l_1:y=2x-3$和$l_2:y=-3x+2$的图像大致可能是(　) 　A.　B.　C.　D. (4)已知点$(-4,y_1)$，$(2,y_2)$都在直线$y=-\dfrac{1}{2}x+2$上，则y_1,y_2大小关系是(　) 　A. $y_1>y_2$　　B. $y_1=y_2$ 　C. $y_1<y_2$　　D. 不能比较 (5)如图，在直角坐标系中，直线l_1与l_2互相平行，且l_1的函数关系式为$y=\dfrac{4}{3}x$，l_2交y轴于点A，则直线l_2的函数关系式为_____。 ※(5)直线$y=kx+b$与直线$y=-2x+1$平行，且过点$(-2,4)$，则直线的表达式是_____。	1. 预设： (1)B (2)2 (3)D ※(3)B (4)A (5)$y=\dfrac{4}{3}x-2$ ※(5)$y=-2x$	学生可以从不同角度思考和解决问题，对问题灵活处理。 ※分层拓展

(续表)

教学环节	教师活动	学生活动	设计意图
三、运用单元知识间的联系解决问题	2. 已知函数 $y=3-3x$,回答下列问题: (1) y 的值随 x 的增大而_____; (2) 图像与 x 轴的交点坐标是_____; 与 y 轴的交点坐标是_____; (3) 函数 $y=3-3x$ 的图像与坐标轴所围成的三角形的面积是_____; (4) 当 x _____时, $y \geqslant 0$; (5) 当 $y<3$ 时, x _____。 3. 如图,过点 $A(4,0)$ 的两条直线 l_1、l_2 分别交 y 轴于点 B、C,其中点 B 在原点上方,点 C 在原点下方,已知 $AB=2\sqrt{13}$。 (1) 求点 B 的坐标; (2) 若 $\triangle ABC$ 的面积为 20,求直线 l_2 的解析式。	2. 预设: 解决方法多样 (1) 减小; (2)(1,0);(0,3) (3)1.5 (4) $x \leqslant 1$ (5) $x>0$ 3. 预设: 勾股定理 (1) $B(0,6)$ (2) $y=x-4$	
四、小结	1. 在学习过程中有什么体会? 2. 综合运用方法对一次函数知识进行复习梳理、补充完善。		

(续表)

作业设计	1. 必做：完成学案、整理思维导图 2. 选做：完成拓展；出一道题目，尽量全面地包含一次函数相关知识点。
板书设计	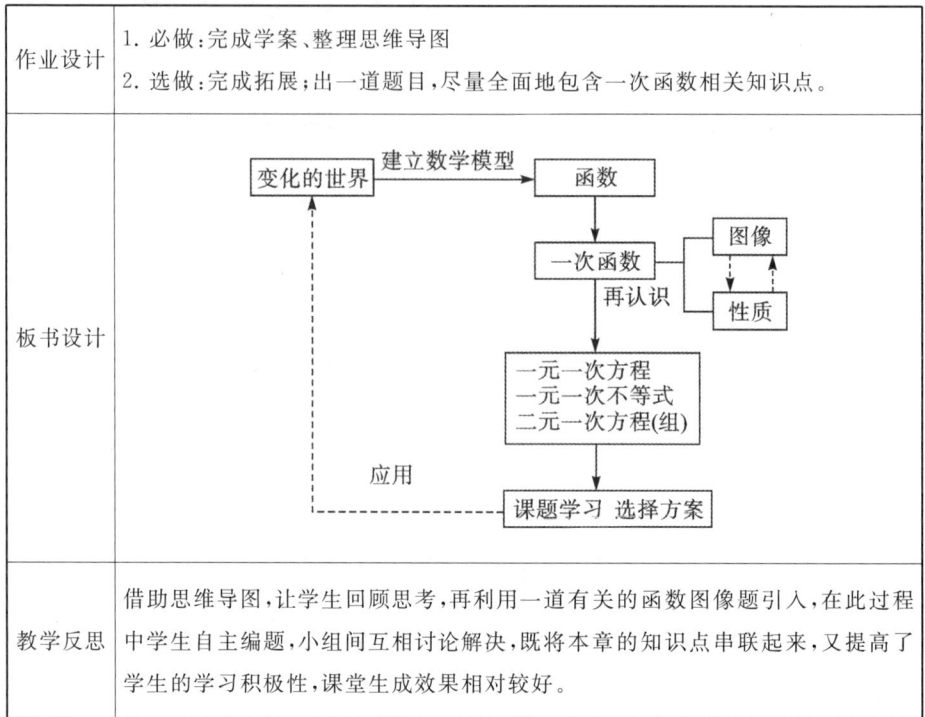
教学反思	借助思维导图，让学生回顾思考，再利用一道有关的函数图像题引入，在此过程中学生自主编题，小组间互相讨论解决，既将本章的知识点串联起来，又提高了学生的学习积极性，课堂生成效果相对较好。

  初中数学单元教材教法分析大致分为三个步骤："备教材、备学情、备教法"。备教材是指教师对初中教材中的教学内容进行细致解读，分析出教材中蕴含的教学知识的重点内容和核心内容，将各个单元框架中的各知识点蕴涵的教学思想、教学方法和教学价值进行相应的深入挖掘；备学情是指教师对现阶段的教学形式和学生的学习情况进行分析，学生受到年龄特点和教学形式的影响，对数学知识的学习兴趣、知识需求量以及所具备的知识框架基础都有所差异，因此，教师在教学过程中应贯彻"以学定教"的理论，通过经验分析法、观察法、资料分析法、调查访谈法、测试法对学生的学习情况和数学基础进行详细了解，对比学生在学习上所体现的学习差异和学习共性，综合学生学情分析，进行初中数学分层设计，在教学过程中尽量满足不同层次学生的学习需求，让不同层次的学生都能有提升的空间，从而达到教学目标，实现教学效果的提升，缩小学生之间的学习差异，和谐教学氛围，为学生数学素养的提升奠定坚实基础。

  综合教材内容分析和学情分析后，开展"备教法"。初中数学的学习大致可分为概念学习和技能学习。教师在教学中针对概念学习可采取讲授法、发现法、归纳法、对话法；而针对技能学习可采取练习法、操作实验法、案例实践法。在教学中，教师可以根据教学内容采取多样化的教学方法，确定最佳的教学思路，让课堂教学变得更有灵活性，达到激发学生学习兴趣的目的，让教学能符合学生的学习特点和学习需求。在教学环节和教学进度的设计上遵守学校对教学课程的安排和学生的学习情况，从而进行合理高效的教学课堂设计，实现初中数学高效教学的目的，合理划分各课时的时长分布，制定合理的教学模块。

三、初中数学教材单元教学评价建议

单元评价设计就是评价者对学生一个单元的学业成就的认识活动，单元教学设计中的评价要基于知识建构过程和学生表现，做出行动、改进。评价的目的是让学生学得更好，有效评价要让学生进行协商、对话、交流。以几何证明为例，这一章涉及了一些命题研究和一些新的结论，因此，在教学中，教师应引导学生从问题出发，根据观察实验结果，采用类比、归纳等方法，先获得对有关问题解决方法的猜想，然后再证明。这样学生全面理解起来不那么困难。在具体教学中，教师可以引导学生回忆探究过程及其结论，并强调证明的必要性。同时要注意让学生多观察、多操作，尽可能多地让学生独立得出结论，在掌握证明的基本步骤和要求的基础上，得出结论，探索证明的思路和方法是本章的重点和难点。

要保持单元评价设计与教学目标、学习过程的一致性，需要注意以下几个方面。

（一）注意评价学生在探索结论、证明思路和方法中的表现。在本章中，无论是获得一些新的结论，还是获得命题证明的思路和方法，都需要学生进行探索，因此，学生在这些探究活动中的表现是评价的重要方面之一。首先，要注意学生是否能积极参与探究活动，能否与同龄人交流。其次，要注意学生是否能够通过独立思考得出结论，是否能够用标准化的数学语言来表达思维过程，是否能够尝试用不同的方法来证明同一个命题。

（二）注意评价学生对证明思想、证明方法和推理证明能力的掌握。在这一章中，比学会证明更重要的是思维方式的提升，学生能否通过直观的操作更加顺畅地证明结论。

（三）注意评价学生在论证过程中的表达水平。如学生学习了"平行线的证

明"之后,关于证明的内容要求学生进一步学习用严谨的数学语言来表达整个证明过程,包括准确表达命题的条件和结论。因此,教师应关注学生在这些方面的表现,并及时指出证明过程中表达的问题,从而培养学生用数学语言表达的习惯和能力。当然,在评价中,也要注意学生表达水平的阶段性,要用欣赏的眼光看待每个学生在表达和证明过程中的小进步,要用发展的眼光来评价学生。

(四)注意评价学生能否积极地投入测量活动中去。如在学习"直角三角形的边角关系"时,关注学生是否能够准确使用测量仪器、设计测量方案等,在测量活动中是否积极想办法克服困难等;关注学生能否对所得到的数据进行分析,最终是否得到比较符合实际的结果;关注学生能否综合运用相关知识解决实际问题;关注学生的活动报告能否真实地反映活动过程,并且能否提出有价值的问题。

第七章 结 语

随着时代的发展和人们思想意识的提升,单元整体教学得到了越来越多的关注,在一些地区逐渐实现了大范围的推广应用,并带来了好的影响,这也正是笔者对单元整体教学持续研究的原因所在。单元整体教学的优势特点较多,比如:与当代教育观的高度契合、与学生学习需求的匹配等。这都是其在初中数学学科教学中应用价值突出体现的重要依托力量。另外,单元整体教材真正地实现了以初中数学教材作为立足点,依托于数学教材上的单元划分进行教学策略的旋转和教学方案的设计,让数学学科教学的重点得到了有效突出,十分符合新时期教育部门对数学学科教学结构性、整体性等方面的强调,是学生有序认知能力和逻辑思维能力提升的重要渠道,有助于学生数学学习综合水平的提升以及学习效率和质量的优化。最后,单元整体教学方法通过打乱原有秩序、重新分析构建新的秩序的方式将教学的重点进一步突出,并且做到了依据学生的实际学习情况进行个性化的设计,使数学学科教学模式和学生的实际学习情况之间真正地做到了高度契合,这对于初中数学学科教学在新时期持续进步有着较大的帮助,教师应当对此引起高度重视,加强对单元整体教学方法的分析与研究,设计出更为优质的教学方案,让单元整体教学方法可以在初中数学教学中发挥更大的价值。本书通过查阅相关的文献资料,结合实际的教学经验,借鉴其他教师的教学方法,并且运用了调查问卷等研究方法,基于素质教育背景,在初中数学单元整体教学模式下,对培养学生的数学核心素养进行了深入的研究,对调查问卷进行了集中的总结和分析,有效地掌握了初中生数学学习的基本情况,分析了在初中数学学习过程中遇到的问题,并且针对存在的问题提出了一系列的改革措施。在实际的研究过程中,为了实现预期的教学目标,提高学生的数学核心素养和数学综合能力,我们对于初中数学教材进行了分析和梳理。一方面从教师的角度分析初中数学单元教学过程中教师存在的问题,主要是从教学的专业素养以及教学能力两个方面展开。教师需要熟练掌握初中数学教学知识,掌握初中数学教学中的重点和难点,并且能够运用有效的教学方法帮助学生消除数学学习过程中出现的困难。另一方面从学生角度分析开展初中数学单元整体教学所需要具备的素质和能力，主要围绕学生的学习习惯、学习状态以及对数学的感性认知等方面展开。通过系统地分析和总结，我们得出了结论：初中数学单元整体教学模式在实际教学过程中具有较高的应用价值和推广价值，在应用的过程中，不仅有效地提高了初中生的数学成绩，同时也培养了学生的数学思维，对提高学生的数学核心素养和综合能力有着重要的促进作用。

在实际开展初中数学单元整体教学的过程中，也暴露出很多问题，集中表现为以下几个方面。第一，教师的专业素养还有较大的提升空间，在实际的教学过程中，很多教师主要是凭借着教学经验开展教学活动，缺乏专业的理论支撑。第二，教师对于教材的熟练度不够，很多初中数学教师仅仅熟悉本年级组的数学教材内容，对于初中数学整体教学体系不够熟悉，这样一来，导致教师未形成系统思维，同时也严重地影响了初中数学单元整体教学的质量和效果。第三，在实际的教学过程中，教师缺乏对教学过程的设计，模式比较单一，出现了"新瓶装旧酒"的情况，而且，教学评价方式也没有进行改革，依然采用传统的教学评价方式，影响了学生的积极性和主动性。第四，教师对于初中数学单元整体教学模式的掌握不够深入，严重影响了单元教学模式的质量和效果。第五，学生表现出不适应的情况，很多初中生对于教师的依赖性比较大，而单元整体教学模式对于学生的自主学习能力要求比较高，加上初中生的学习时间比较紧张，导致初中生课前预习的效果不理想，在一定程度上影响了初中数学单元整体教学模式的质量和效果。针对在开展初中数学单元整体教学中暴露出的问题，进行了深入的分析和研究，并且制定了行之有效的解决措施，主要的内容有以下几个方面。第一，成立数学教研组，让具有丰富教学经验的数学教育专家、优秀教师以及一线任课教师共同参与到初中数学单元整体教学的研究学习中，通过这种方式让教师对初中数学单元整体教学模式有深入的理解。另外，学校还需要不断地组织教师进行校内培训，提高教师的专业素养，让教师不仅熟悉本年级组的数学教材内容，同时也能够熟练地掌握其他年级组的数学知识，从整体上提高初中数学教师的教学组织管理能力，来保证初中数学单元整体教学模式的教学质量和教学效率。第二，成立专门的监督管理机构，并且组织教师进行听课学习，通过这种方式来督促教师在实际的教学过程中对初中数学单元整体教学模式的落实。第三，制定科学合理的管理制度，鼓励和引导教师不断地总结和反思,总结在实施初中数学单元整体教学过程中遇到的问题,或者是改进的方案,并且探索解决问题的方法,通过这种不断总结和反思的方式,提高教师的专业素养和教学水平,进而更好地开展初中数学单元整体教学模式,实现预期的教学目标,提高学生的数学核心素养和综合能力。

初中数学单元整体教学模式是我国初中数学教学研究的重要方向,同时也符合新课标与素质教育的要求,也是笔者教研团队一直实践的。初中数学单元整体教学模式在遵循科学教学的原则基础上,结合了初中生的学习特点,以初中数学教材为基础,引导学生树立良好的学习观,让初中生的学习更加高效,更加具有针对性,实现了"减负增效"的教学目标,同时也实现了教学相长的目标。目前而言,初中数学单元整体教学已经成为重要的研究课题和实践课题。

第一节 研究反思

与传统教学相比,在教学中融入单元设计,按照教学评一致性要求整合了课程标准,准确把握了学习条件,确立了有效的学习目标、学习过程和评价任务。与分散教学相比,大单元的教学设计,有利于合理安排本单元的整个课时,更有利于学生对知识网络的理解和掌握,提高其数学核心素养。基于教学评一致性的单元教学可以结合两者的优点,将教育理论应用到教学实践中,教会学生将分散的知识点整合,更有利于学生的记忆、认知、积累和深入思考,也符合数学核心素养的要求。实践意义在于:虽然关于教学评价一致性理论和数学学科单元教学的研究资料都有很多,但在教学评价一致性理论指导下,对初中数学单元教学的研究却很少。本书在理论研究的基础上,选择"初中数学"进行单元设计研究,不仅是锻炼学生几何思维水平的素材,还可以作为两种理论结合的实践依据。由于笔者自身专业素养和教学经验的限制,在研究的过程中不可避免地遇到一些问题,同时也证明了还有较大的改进空间。从研究范围来看,受教学课时安排所限,没有进行大规模的实践,只针对本书研究教师的班级进行了教学实践,样本容量较小。从研究时间来看,所选章节内容的实践教学时间只有两年,教学实践时间若能再长一些,可能会得到更有长期性和长效性的结果。

第二节　研究展望

本书的研究内容为初中数学单元整体教学研究，作为初中数学教师，需要不断地研究初中数学单元整体教学模式，并对未来进行展望和设想。

一、认真分析研究初中数学教材，掌握学生的学习特点和认知特点，以身作则，潜移默化地影响学生。

二、制定科学合理的教学方法，引导学生认真地开展预习、复习，养成良好的数学学习习惯。

三、单元整体教学作为一种创新型的教学模式，还需要在实际教学过程中不断地总结和反思，来充分发挥单元整体教学模式的价值，提高学生的数学核心素养和综合能力。教学评一致性的理论已经比较成熟，关于单元教学的研究热潮正逐渐展开，希望以后的研究者能够更加科学地将两者结合起来，为教学服务。期待接下来的研究者能探索出更加科学有效的教学方法，能够在提高学生学习效率的同时，迅速发展学生的数学思维能力。

参考文献

[1] 崔允漷.学科核心素养呼唤大单元教学设计[J].上海教育科研,2019(4):1.

[2] 钟启泉.单元设计:撬动课堂转型的一个支点[J].教育发展研究,2015(24):5.

[3] 钟启泉.学会单元设计[J].新教育(海南),2017(14):1.

[4] 中华人民共和国教育部.义务教育数学课程标准[M].北京:北京师范大学出版社,2011.

[5] 刘艳萍,章巍.学科大概念统领下的单元整体教学之整校探索[J].中小学管理,2021(7):5.

[6] 曹广福,张蜀青,罗荔龄.问题驱动的中学数学课堂教学[M].北京:清华大学出版社,2018.

[7] 李松林.走向整合的深度学习[N].中国教师报,2020-1-22(4).

[8] 马兰.整体化有序设计单元教学探讨[J].课程·教材·教法,2012(2):9.

[9] 陈彩虹,赵琴,汪茂华,等.基于核心素养的单元教学设计——全国第十届有效教学理论与实践研讨会综述[J].全球教育展望,2016(1):8.

[10] 王海青.论整体主义教学[J].全球教育展望,2019,48(4):11.

[11] 章飞,顾继玲.单元教学的核心思想与基本路径[J].数学通报,2019,58(10):6.

[12] 朱先东.指向深度学习的数学整体性教学设计[J].数学教育学报,2019,28(5):4.